双人赛制胜策略

[英]大卫·伯德　著

余　乐　译

成都时代出版社

四川省版权局
著作权合同登记章
图进字 21-2017-708 号

图书在版编目（CIP）数据

双人赛制胜策略/（英）大卫·伯德著；余乐译.
--成都：成都时代出版社，2017.12
ISBN 978-7-5464-1983-1

Ⅰ.①双… Ⅱ.①大…②余… Ⅲ.①桥牌–基本知识 Ⅳ.①G892.1
中国版本图书馆 CIP 数据核字（2017）第 290187 号

双人赛制胜策略
ShuangRenSai ZhiSheng CeLue
[英] 大卫·伯德 著
余乐 译

出 品 人 石碧川
责任编辑 曾绍东
封面设计 陈二龙
版式设计 陈二龙
责任校对 陈 煦
责任印制 干燕飞

出版发行 成都时代出版社
电 话 （028）86619530（编辑部）
（028）86615250（发行部）
印 刷 四川联翔印务有限公司
规 格 165mm×230mm 1/16
印 张 17.75
字 数 230 千字
版 次 2017 年 12 月第 1 版
印 次 2017 年 12 月第 1 次印刷
印 数 1-5000 册
书 号 ISBN 978-7-5464-1983-1
定 价 42.00 元

前言

我们先来看看 **IMP** 制和 **MP** 制这两种计分方式的区别。如果你已经很熟悉这些内容,那就请直接跳到下一个章节吧!

IMP 制的计分

在两支队伍之间进行的 **IMP** 制比赛里,每副牌都在两桌各打一遍,然后比较结果。假设在第一桌,甲队的南家打成了一个有局方的 **4♠**定约,得**+620**分,那他就会这样记分:

甲队南北记分表

序号	定约	庄家	得墩	分数	IMP	
1	4♠	南	10	620		

这桌东西的记分表和上面几乎相同,只是在"分数"一栏里,他们会填上"**-620**"。

另外一桌也要打这副牌,队员的方向则转了 **90** 度,南北方向的队员从甲队变成了乙队。这样,乙队就有机会用南北的牌打出同样的结果。为了便于说明问题,我们姑且假设这一桌的南北在叫牌上过于谨慎,只停在了 **2♠**上。他们也拿到了 **10** 墩牌,但只得了**+170**分。

一节比赛的所有牌都打过之后,两个队的队员就会聚到一起结分。甲队结分时会发现这第 **1** 副牌他们两桌加起来得了**+450**分。这个原始分差还要换算成 **IMP**(国际比赛分)。以下是 **IMP** 换算表:

1

分差	IMP	分差	IMP
20-40	1	750-890	13
50-80	2	900-1090	14
90-120	3	1100-1290	15
130-160	4	1300-1490	16
170-210	5	1500-1740	17
220-260	6	1750-1990	18
270-310	7	2000-2240	19
320-360	8	2250-2490	20
370-420	9	2500-2990	21
430-490	10	3000-3490	22
500-590	11	3500-3990	23
600-740	12	4000+	24

现在这副牌的结果就是甲队得 10IMP，坐南北的牌手把这个 10 个 IMP 填入自己的记分表里：

序号	定约	庄家	得墩	分数		IMP	
1	4♠	南	10	620		10	

这一节牌(通常是八副)的所有 IMP 得失结果加在一起，就是最后的比分，比如甲队 21 比 7 获胜。

这种计分方法中最需要注意的一点是，两桌同一副牌的结果比较后得到的分差(在这副牌中是 450 分)大小会有很大的差别。分差越大，则 IMP 越多。

MP 制双人赛的计分

顾名思义,双人赛的参赛单位是一对牌手,即你和你的搭档。在双人赛里,一副牌会被打很多次,也就是说,你们的结果需要和所有打了这副牌的其他桌的同方向选手进行比较。你们的得分每超过一桌,就得 **1MP**(比赛分),每打平一桌,就得 **0.5MP**。(在北美之外,获胜得 **2MP**,打平得 **1MP**)。

假设在第 **1** 副牌中,你主打 2♠ 定约,拿到九墩牌,得 **140** 分。在你的个人记分表里,你的填写方法和 IMP 制比赛时是一样的:

序号	定约	庄家	得墩	分数	IMP
1	2♠	南	9	140	

每一桌坐北的牌手都会在随牌记分表上填入本桌的结果(北美的习惯是由坐北的牌手记分, 与中国的习惯正好相反——译注)。比赛结束后,随牌记分表会统一交到工作人员那里。第 1 副牌的记分表可能是这样的:

南北	东西	定约	庄家	得墩	南北得分	东西得分	南北 MP	东西 MP
1	5	2♠	南	9	140		3.5	1.5
2	4	2NT	北	9	150		5	0
3	2	4♠	南	9		50	0	5
4	1	3◇	东	7	100		1	4
5	6	2♠	南	9	140		3.5	1.5
6	3	2♠	南	8	110		2	3

顶分是 **5** 分,你的+140 分得到了 **3.5MP**,高于平均分。南北方的 **4** 号牌手防守对手的 3◇,并防宕两墩,但只得到 **1** 个 MP。如果他们

当时敢冒险加倍 3◇, 就可以得到顶分 5 分。

正如你所见, 在 MP 计分制的双人赛里, 分差的大小根本不重要。只要你们的得分比其他同方向的牌手高, 哪怕只多了 10 分, 也算是赢, 赢多赢少并没有什么区别。打完比赛的所有牌后, 总计 MP 得分最多的那对牌手就是冠军。

译者注: 若无特别说明, 本书中所提到的双人赛均指 MP 制计分的双人赛。

序言

　　你还记得自己第一次打双人赛时的情景吗？总会有人，也许就是你那更有经验的搭档，告诉你如何移位、如何填写记分表，或许还有如何招请裁判（"别担心，这可能不会发生"）。没错吧？但有人告诉过你，打双人赛应该怎样叫牌、做庄和防守了吗？我自己的经验是，根本没有。当然，如果你按照打家庭社交桥牌或者 IMP 制比赛的方法去打双人赛，也算说得过去。不过，双人赛是一种竞争非常激烈的比赛，没有多少人会满足于"说得过去"。大家都想赢，并且不只是想偶尔赢一次，而是要当常胜将军！

　　要想在双人赛上获得成功，你就必须要调整你的叫牌方式。你必须要知道什么时候应该大胆争叫，即使冒险也在所不惜；你也必须要知道什么时候应该保守叫牌；你还要知道在各种不同的局势下如何选择定约。在做庄和防守方面，你也会面临类似的选择困境：你要冒着打宕定约的风险去拼搏一个超墩吗？你要冒着多给庄家一墩的风险去尝试防宕定约的路线吗？还有不少类似的问题，本书都会讲到。我在写这本书时很享受，我希望大家在阅读时也同样享受！

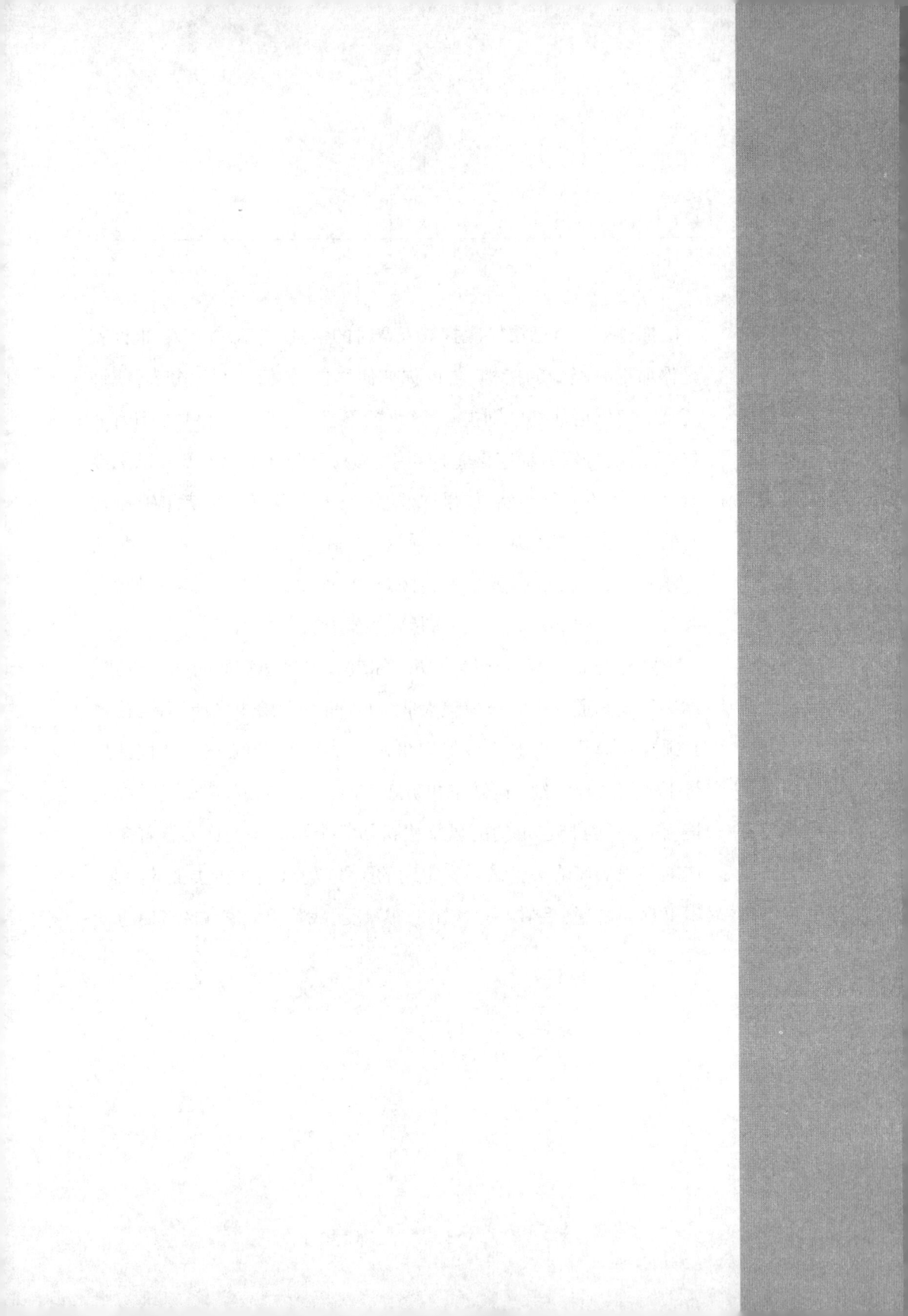

内容简介

双人赛是另一种桥牌

如果你打双人赛的方式与队式赛一样,可能也会得到说得过去的分数。然而,双人赛是一种竞争非常激烈的比赛形式,没有多少人会满足于"说得过去"。大家都想赢,并且不只是想偶尔赢一次,而是要当常胜将军!

要想在双人赛中获得成功,你就必须要调整你的叫牌方式。你必须要知道什么时候应该大胆争叫,即使冒险也在所不惜;你也必须要知道什么时候应该保守叫牌;你还要知道在各种不同的局势下如何选择定约。在做庄和防守方面,你也会面临类似的选择困境:你要冒着打宕定约的风险去拼搏一个超墩吗?你要冒着多给庄家一墩的风险去尝试防宕定约的路线吗?

任何一个想要在双人赛中有所作为的牌手,都应该看看这本书。

大卫·博德(英国,南安普顿)可能是世界桥牌史上最多产的作家,已出版著作100多本。他最近和MPP出版社合作的作品包括《叫牌测验》和《袖珍防守指南》。这两本书均为他与芭芭拉·西格莱姆合著。

1

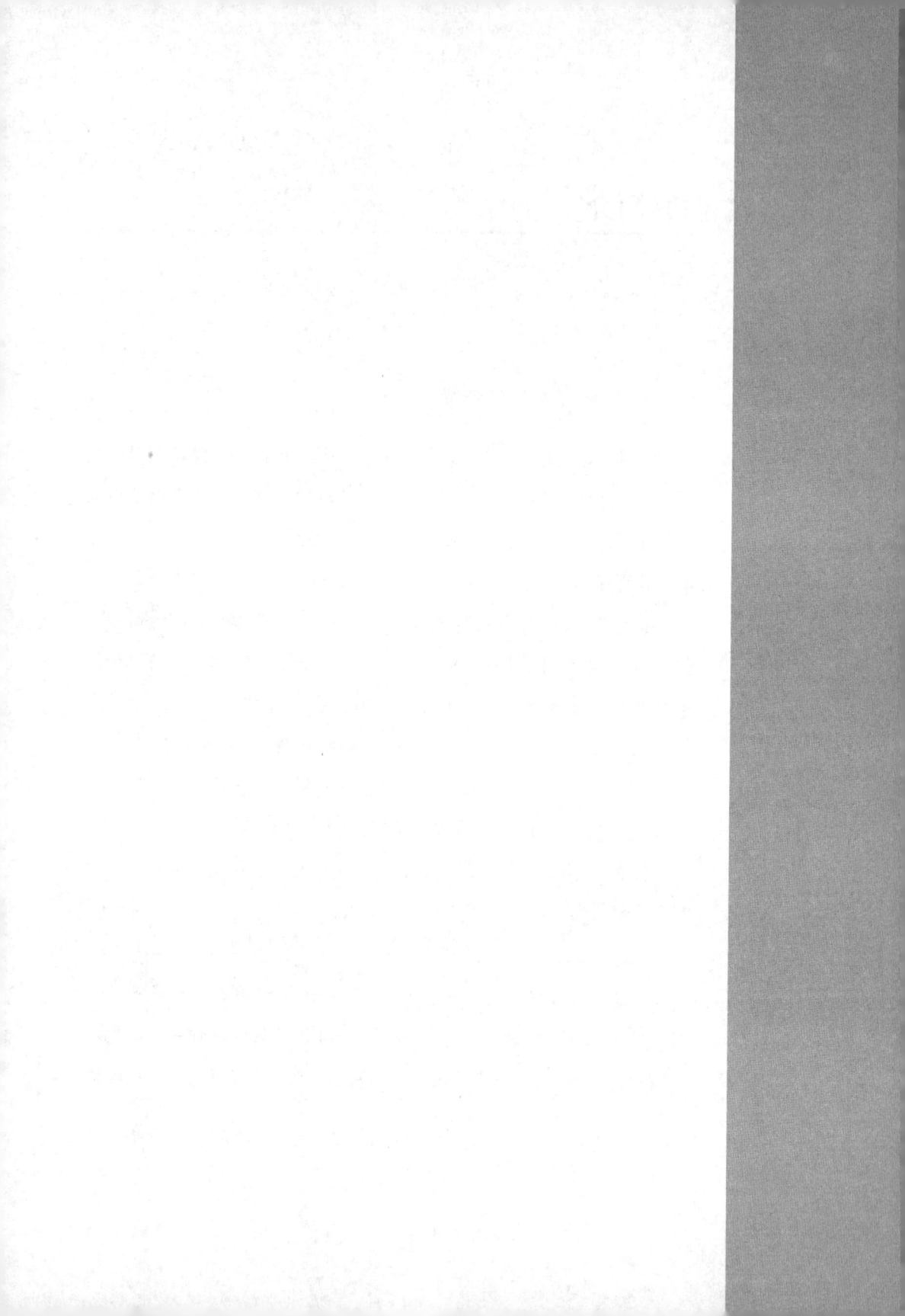

目 Content

录

第一部分

叫牌策略

1

1

争叫

这一章我们要仔细地研究一下争叫。在 IMP 制比赛里,你必须要考虑如果你的争叫被加倍时可能造成的巨大罚分损失。如果你用很破的套做争叫,而坐在你下家的对手刚好拿着很强的将牌时,你就可能输掉 500 分甚至更多,然后发现其实对手什么定约都没有。(下家的加倍通常都是技术性的,你方吃到罚分往往都是因为下家放过了开叫人做出的平衡性加倍。)

而在 MP 制比赛里,情况就完全不同了。如果你们运气不佳,偶尔吃到一个巨大的罚分,那也仅仅是打坏了一副牌而已,并且损失的程度与输分的多少无关。因此,只要你认为自己的争叫从长远来看是有利于多得比赛分的,那就必须勇往直前并承担相应的风险。

争叫有什么作用呢?

争叫的主要作用是什么呢? 请自己先想一想,然后再来看答案:

—— 指示同伴做出一个好首攻

—— 与对手争夺部分定约

—— 剥夺对手的叫牌空间

—— 准备叫到好的成局定约或者准备牺牲叫

一般来说,在一阶水平上争叫至少要有五张,而在二阶水平上争叫最好是有六张。当然,这只是教科书上的说法而已。必须承认的是,如果你在网上观看那些顶级牌手打牌,就会发现他们经常用好的五张套在二阶水平上争叫,这是因为他们不想让对手在没有干扰的情况下找到最佳定约。

争叫需要有多少大牌点呢?在一阶争叫所要求的牌力可以比开叫低很多。假设对手开叫了一阶花色,你拿着♠AQJ83,那么即使其他什么都没有,你恐怕还是不想放弃争叫1♠的机会。当你在二阶做出非跳叫的争叫(比如1♠-2◇)时,遭到惩罚性加倍的可能性比你在一阶争叫时要大得多,因而你的牌力至少要达到接近开叫的要求。

应该加倍还是应该争叫?

很久以前,很多牌手都喜欢使用弱自由争叫。也就是说,争叫是表示一手不够开叫点力的弱牌,而好牌则从加倍起步。

这种叫牌方式现在基本上已经被抛弃了。现代的一阶争叫既有可能是一手弱牌,也有可能是17点左右的强牌。基本的原则是:争叫表示持有一个好套,并且乐意以此套为将牌,加倍则表示希望与同伴协商将牌。

假设上家开叫1◇,而你的持牌情况如下:

(a)	(b)	(c)
♠A Q 10 7 6	♠A K J 8 7	♠A K Q 6 4
♡10 7 4	♡A 9 2	♡K 9 7
◇8 2	◇4	◇J 3
♣Q 10 7	♣K J 7 3	♣A Q 10

牌(a),在任何局况下你都愿意争叫1♠。牌(b),当代的几乎所有专家级牌手都会争叫1♠,而不是加倍。此后,如果下家叫2◇,而你的同伴和上家都不叫,你可以在这时加倍。只有在持有牌(c)这样的强牌时,牌手们才会说:"直接争叫1♠的牌不会有这么好,我还是先从加倍起步吧。"

弱跳争叫

由于最低水平上的争叫也可以是强牌,当代的多数搭档都使用"弱跳争叫"。原则上,这样的叫牌表示有一个六张套,但牌力不足开叫点。从性质上说,弱跳争叫属于阻击叫。即便如此,在有局的情况下,你做弱跳争叫要有合理的主打牌力,尤其是在三阶水平上。

假设你是第二家,上家开叫 1♢,你拿着下列牌时应该叫什么呢?

(a)
♠ A Q J 7 6 2
♡ 10 7
♢ 8 2
♣ J 10 7

(b)
♠ 9
♡ Q J 4
♢ 10 5 3
♣ K Q J 10 7 3

(c)
♠ K Q J 9 4
♡ 9 7
♢ J 9 7 2
♣ 10 4

牌(a)在任何计分制中都很适合争叫 2♠。牌(b)在无局时可以叫 3♣。有些人在双人赛里即使是有局方也会冒险叫 3♣ 阻击,但这种风格不是每个人都能接受的。牌(c)很适合做阻击叫,虽然黑桃只有五张,但在己方无局时你还是可以考虑跳争叫 2♠。在己方有局的情况下,你只能叫 1♠,但肯定不会考虑不叫,因为黑桃套的质量确实太好了,所以很有必要叫出来。

指示首攻的争叫

有的时候,你几乎可以肯定定约是属于对手的,但争叫仍然可能是有意义的,因为这可以指示同伴做出个好首攻。请看下面这副牌:

南发牌

双方无局

```
                    ♠J 9 6
                    ♡K Q J 3
                    ♢K Q 2
                    ♣10 3 2
    ♠K Q 10 5                    ♠7 4 3
    ♡10 9 6 2          N         ♡A 8 7
    ♢10 8 4         W   E        ♢5 3
    ♣8 5              S          ♣K Q J 9 7
                    ♠A 8 2
                    ♡5 4
                    ♢A J 9 7 6
                    ♣A 6 4
```

西	北	东	南
			1♢
不叫	1♡	2♣	不叫
不叫	加倍	不叫	2NT
不叫	3NT	全不叫	

由于东家争叫过2♣,于是西家首攻♣8,庄家只能拿到八墩而宕一。如果没有东家这个争叫,西家很可能会首攻黑桃。

在双人赛里做防守时,你必须格外小心,尽力防止庄家拿到额外的超墩。因此,争叫的指示首攻作用就更为重要了。有时候即使是最佳首攻也可能无法击败定约,但如果你们能把对手的**650**分变成**620**分,这就是非常有价值的。在前面所列举的争叫的四种作用中,指示首攻的作用在双人赛中是最重要的。

假设下家开叫1♡,他的搭档应叫2♣,而你在第四家拿着以下这样的牌:

(a)

♠A K J 10 6
♡8 3
◇10 4
♣9 7 6 2

(b)

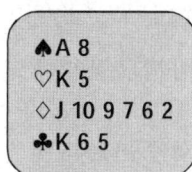

♠A 8
♡K 5
◇J 10 9 7 6 2
♣K 6 5

　　对手二盖一应叫已经显示他们联手的强大牌力，因此在以上两种持牌情况下，你都不指望能抢到定约。如果是打双人赛，那么在拿着牌(a)时，你要争叫2♠，确保同伴能首攻出黑桃。牌(b)的主打牌力更强，但你却不应该叫牌。因为假设下家最后主打4♡时，你并不希望同伴从K×双张中首攻◇K。

　　在一阶水平上，尤其是在双人赛里，你可考虑用好的四张套争叫。在下面这副牌里，你的1♠争叫成功地阻止了对手叫到3NT。

南发牌

双方无局

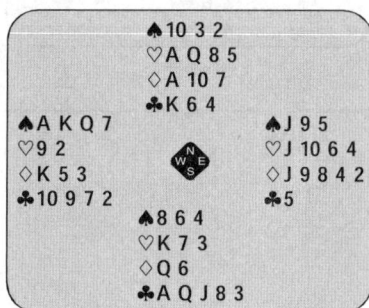

西	北	东	南
			1♣
1♠	加倍	不叫	2♣
不叫	2♠	不叫	3♡
不叫	4♡	全不叫	

　　3NT定约恰好可以拿到九个顶张，但是在西家争叫1♠之后，南北方就很难

叫到这个定约上了。此例中南北方选择了 4♡ 定约,而这要求将牌必须 3-3 分布才能打成。可惜庄家很不走运!

剥夺叫牌空间的争叫

下面这副牌出现在奖金丰厚的蒙特卡洛锦标赛的半决赛中:

西发牌

双方有局

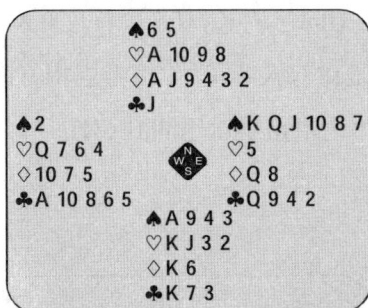

西	北	东	南
海尔尼斯	马达拉	海尔格莫	波齐
不叫	1♢	3♠	3NT
全不叫			

　　一个月之前,这几名牌手刚刚在百慕大杯决赛中酣战一场。东家海尔格莫拿着这手牌是应该争叫 1♠、2♠ 还是 3♠ 呢?为了尽可能地剥夺对手的叫牌空间,海尔格莫直接跳到了 3♠。波齐此时选择 3NT 合情合理。3NT 成为最终定约。

　　海尔尼斯首攻 ♠2,东家出 ♠Q,庄家波齐用 ♠A 吃进,兑现 ♢K,然后用 ♢J 飞牌输给了东家的 ♢Q。防家此后又拿到了五墩黑桃和五墩草花,定约宕七,庄家吃到 -700 分。

　　在另一桌,东家只争叫了 2♠,给南家留出了做否定性加倍的空间。南北方最终找到了红心配合,并拿到了一个超墩,得+650。海尔格莫剥夺对手叫牌空间的 3♠ 为其队伍赢得了整整 16 个 IMP!

对争叫的应叫

当同伴做出一个争叫,而你在该花色上有配合时,你就可以主动加叫以抢占叫牌空间。通常来说,你应该根据联手的将牌长度来决定争叫的阶数。如果同伴是在一阶水平上争叫,你可期望他至少有五张,当你有四张支持并有点牌型时,你就应该加叫到三阶水平(九张将牌=需要拿九墩的定约)。如果这个定约打宕了,那你方往往是占便宜了,因为由对手主打定约的话,他们很可能会得到更多的分数。

假设你坐西家,面对的叫牌进程如下:

西	北	东	南
	1◇	1♠	不叫
?			

拿着下列牌时,作为西家的你会怎么叫呢?

(a)
♠ K 10 6
♡ 10 8 4
◇ 9 6
♣ Q J 7 5 3

(b)
♠ A J 3
♡ K Q 9 2
◇ 10 7 6
♣ J 9 4

(c)
♠ K 10 6 4
♡ 7
◇ Q J 4 3
♣ 10 8 7 5

牌(a),加叫 2♠,把北家的叫牌空间整整抬高一阶,而北家很像是持有一手好牌。牌(b),扣叫 2◇,表示一手"好加叫"的牌。如果同伴叫回 2♠,你就不叫。牌(c),你应该叫 3♠,这是阻击性质的,表示有四张将牌支持并有些牌型。同伴不会误认为你拿着一手强牌,因为那样的话你会先扣叫 2◇。

下面是一副完整的牌,看看争叫后的叫牌进程是如何演变的。

东发牌

南北有局

```
                    ♠ J 5
                    ♡ 10 8 5
                    ◇ Q 10 9 5
                    ♣ A Q 10 6
    ♠ K 10 8 6 2            ♠ A 9 7 4
    ♡ J            N        ♡ K 4 3
    ◇ K J 3 2    W   E      ◇ A 8 6
    ♣ J 3 2        S        ♣ 9 7 4
                    ♠ Q 3
                    ♡ A Q 9 7 6 2
                    ◇ 7 4
                    ♣ K 8 5
```

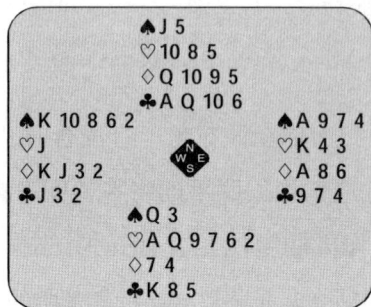

西	北	东	南
		不叫	1♡
1♠	2♡	3♡	不叫
3♠	全不叫		

典型的双人赛部分定约争夺战！西家牌力不强,同伴又不叫过,但他还是有很好的争叫理由。他们可能打到一个黑桃定约,也可能让对手在他们配合最好的花色中叫到一个打不成的阶数上。如果东家的牌力不强但是有黑桃支持的话,那他们也有可能用黑桃牺牲掉对手的成局定约。

西家争叫之后,北家加叫同伴的花色到2♡,东家对黑桃的支持极好。但由于3♠是表示牌型不错但点力不多的牌,而东家的顶张大牌并不少,因此东家决定扣叫3♡,更精确地表示出自己的牌力。如果西家的牌再好一些,他就可以叫进局,但现在这样的牌他只能以3♠止叫。

3♠最终宕一,但这(-50分)对东西方而言是个好分,因为南家可以打成3♡(-140分)。防家可以先取四个顶张赢墩,之后庄家就可以先用♡Q飞,击落单张♡J,再回到明手,捉死♡K。

总结

* 争叫有多种作用。它可以让你方争夺定约、叫到好的成局定约,或是准备做出牺牲,也可以指示一个好的首攻或者剥夺对手的叫牌空间。

* 一阶争叫(如对手开叫 1◇ 之后争叫 1♠)的点力范围很宽(大约 8~17 点)。二阶争叫(如用 2◇ 盖叫 1♠)通常要求有开叫牌力。

* 绝大多数牌手都使用弱跳争叫(如对手开叫 1♣ 之后争叫 2♡),这属于阻击叫。跳争叫 2♡ 或 2♠ 表示一手类似于弱二开叫的牌。

* 如果你有一个好套,并且乐意以此为将牌,那就争叫。如果你对所有未叫花色都有一定的支持,并且希望在将牌的选择上听取同伴的意见时,那就加倍。

* 在双人赛里,超墩是至关重要的,争叫的示攻作用也就比在 IMP 制比赛里更为重要。如果你的牌力介于叫与不叫之间,那就让花色套的质量来帮助你做出决定吧。

* 对争叫的直接加叫通常都是阻击性的,好的加叫则从扣叫对手的花色起步。

小测验

假设你是在打双人赛时遇到下列问题的。

1. 双方无局,上家开叫 1♣,拿着以下牌时你会怎么叫呢? 己方有局时你会选择不同的叫品吗?

(a)
♠ K 6
♡ J 7 3
◇ A Q 9 6 5 4
♣ 9 2

(b)
♠ A J 4
♡ K Q 8 4 3
◇ Q 10 6 5
♣ 7

(c)
♠ A K Q 9
♡ A 2
◇ 10 8 3
♣ J 8 5 2

(d)
♠ A K J 9 6
♡ 8 3
◇ J 10 7 3
♣ 5 4

2. 对手有局,上家开叫 1◇,拿着以下牌时你会怎么叫呢?

(a)
♠ K Q 10 6 2
♡ 10 7
◇ 8 3 2
♣ Q J 5

(b)
♠ A K J 10 4
♡ K 8 3
◇ A
♣ Q 9 6 2

(c)
♠ K 2
♡ 7 6
◇ 10 9 7 6
♣ A K J 10 4

(d)
♠ J 5
♡ A Q 10 9 5 2
◇ 8 2
♣ J 9 3

3. 双方无局。如果叫牌进程如下,作为西家你会怎么叫呢?

西	北	东	南
	1◇	1♡	不叫

(a)
♠ Q 7 6 2
♡ K J 7 2
◇ 10 8 3 2
♣ 8

(b)
♠ A 10 8 4
♡ K Q 3
◇ 9 2
♣ J 10 6 2

(c)
♠ 9 7 2
♡ 6
◇ Q 10 5
♣ K J 10 9 7 6

(d)
♠ J 10 9 3
♡ A J 10 6 5
◇ 8
♣ K J 4

4. 你方有局。如果叫牌进程如下,作为西家你会怎么叫呢?

西	北	东	南
	1◇	1♡	2◇

(a)
♠8 5 2
♡K 7 2
♢8 4
♣Q J 8 7 2

(b)
♠8 4
♡A 8 7 3
♢10 9 2
♣A Q J 6

(c)
♠A 10 7 6
♡J 4
♢Q 10
♣K Q 10 7 6

(d)
♠Q 3
♡A 5
♢9 7 6 2
♣K J 8 5 3

答案

1. 牌(a),不要叫1♢,直接叫2♢。抢占叫牌空间是非常重要的。

牌(b),1♡要比加倍更好。加倍可能会导致你方找不到5-3的红心配合。

牌(c),争叫1♠。你想参与叫牌,但是红心只有两张,无法加倍。

牌(d),己方无局时你可以争叫2♠,以剥夺下家的叫牌空间。己方有局或是打IMP比赛时,还是谨慎地叫出1♠为好。

2. 牌(a),争叫1♠。你的牌力是一阶争叫的最低限,但是黑桃套的质量不错,值得一叫。如果下家有红心套的话,他的叫牌就会有一些困难。如果你的套是红心而不是黑桃,你也可以选择争叫,但是这个争叫的吸引力就比拿着黑桃套时小多了,因为你的争叫并没有剥夺对手的叫牌空间。

牌(b),当代的大多数牌手都会先从1♠起步,因为同伴有三张黑桃支持的概率是很大的,而争叫1♠后你们便可迅速找到配合。如果对手停在2♢上,你再做技术性加倍,表示有额外实力和对其他花色的支持。

牌(c),虽然你的草花套只有五张,但还是应该争叫2♣。在对手开叫1♢之后,争叫2♣总是一个很诱人的选项,因为这一下子就剥夺了对手在一阶上叫出任何一门高花的机会。

牌(d)是一手很理想的弱跳争叫2♡的牌。如果有机会,你也会弱开叫2♡的。以上四个牌例的答案在MP制和IMP制比赛里都适用。

3. 牌(a),你有四张红心支持,还有一个边花是单张,所以应该阻击叫3♡。

13

千万别像有些牌手那样叫出 2♡ 就想买走定约。如果你只叫 2♡,北家可能会再叫 3♣,然后南北方发现他们的草花极配。

牌(b),这是一手"好加叫"的牌,应该扣叫 2♢。

牌(c),应该不叫。类似 2♣ 这样的再出新花的叫品是建设性的,至少要有接近开叫的牌力。如果北家对 1♡ 做了技术性加倍,而南家罚放了,这时你可以逃叫到 2♣ 上。

牌(d),直封 4♡。如果北家有 18 点左右,又有些形状,你这么叫会让他很难受。

4. 牌(a)牌力相当弱,加叫 2♡ 也占用不了什么叫牌空间,但是你还是应该叫 2♡。这样一来,如果同伴有额外牌力,他还可以继续竞叫。

牌(b)是应该加叫到三阶的好加叫,所以要扣叫 3♢。直接叫 3♡ 表示是一手更弱、更倾向于阻击的牌。

牌(c),你的牌力够叫,但是没有合适的叫品。拿这种牌的时候,你可以使用竞叫性加倍。这表示你有两个未叫的花色套,同时对同伴的红心套有双张支持。

牌(d)比较难处理,叫什么都不太对。竞叫性加倍用在这里并不明智,因为你的黑桃只有两张。相比之下,你最好的选择是加叫 2♡,这总比让对手的 2♢ 轻松买到定约要好。

2

进局策略

在第六章里我们会讨论怎样选择正确的成局定约（例如在 3NT 和 4♡ 之间做选择）。本章我们主要探讨的是进局与否的问题。

IMP 制有局方时的进局策略

在 IMP 制比赛里，局况为有局时，多大成功概率的成局定约就可以认为是合格的呢？当然，你不需要每副牌都去精确计算成局的概率，假设叫牌进程是 1♠-3♠，现在你需要判断是否叫上 4♠。如果 4♠ 打成，你方可得 620 分，而不是 170 分，即多得了 450 分。如果 4♠ 打宕了，你方会吃到-100 分，而不是 140 分，即亏损只有 240 分。按照 IMP 制的计分方式，进局的结果可能会赢 10 IMP 或者可能会输 6IMP，可能的收益要远高于可能的亏损。如果你认为成局的机会不低于 50%，那很明显你应该进局。

你可能已经预料到了，实际上有些牌的进局标准要比 50%低了不少。

在 IMP 制比赛里，局况为有局时，如果你能判定成局的机会不低于 40%，那就应该进局。

成功率 40%的局是什么样的？请看下面的这个牌例：

```
        西                    东
      ♠ A K 8 6 4          ♠ 9 7 5 2
      ♡ A 7 3       N      ♡ K Q J 5
      ◇ J 9 5     W   E    ◇ 6 4 3
      ♣ A Q         S      ♣ 9 8
```

你可以用红心把♣Q垫掉，所以成局只需要黑桃为 **2-2** 分布（这个概率是 **40%**）。实战中，4♠定约打成的概率还要更高一些，因为即使将牌是 **3-1** 分布，对手也有可能没有及时兑现方块。（用第四张红心垫一个方块，防家是否用大将牌将吃都无关紧要，只要草花 **K** 能飞中就行。）

IMP 制无局方时的双人赛进局策略

无局时的成局奖分只有 **300**。叫到局并打成，可得 **420** 分，而不是 **170** 分，即多得了 **250** 分，赢得 6 IMP。叫到局但最后宕一，得**-50** 分，而不是 **140** 分，即亏损了**-190** 分，输掉 5IMP。

在 **IMP** 制比赛里，局况为无局时，如果你能判定成局的机会不低于 **50%**，那就应该进局。

所以，无局时上一副牌例中东西的牌（理论上）就不应该进局。再看看下一副牌：

```
        西                    东
      ♠ K J 6              ♠ Q 7 5
      ♡ K Q J 7 6    N     ♡ A 9 5 2
      ◇ Q 3       W   E    ◇ 8 6 4 2
      ♣ A Q 2       S      ♣ 6 3
```

你有三个顶张输墩，还需要飞中草花，或者除非北家拿着♣K 但首攻草花。叫牌进程大致会从 1♡－2♡ 开始，然后西家必须要判定下一步怎么叫。

摊开两手牌，我们可以发现打成局的概率是 **50%**，但是如果只看西家的牌，就很难说了。是否能打成局很大程度上取决于两手牌的配合程度。这副牌的东家只有 6 个大牌点，但是♠Q75 和西家♠KJ6 的配合绝佳。西家的◇Q 是个废点，不过这是能预料到的。许多痛苦的回忆提醒我们,叫牌不是严密的科学。面对同伴的简单加叫,西家很难在拿着 18 个点的情况下不叫,但是在 IMP 制无局方的情况下,他的牌只够邀叫,而不能直接叫 4♡ 进局。

MP 制的双人赛进局策略

而打 MP 制双人赛时,问题就简单多了。无论是有局方还是无局方,你都需要有 50% 以上的成功率才应该叫进局。叫到并打成局的收益可能是顶分的一半,而没叫到可打成的局的损失也可能是顶分的一半。

你可能想不到吧,进局的潜在收益与潜在损失并不受到有多少其他牌手叫到局的影响。

南发牌

双方无局

```
                    ♠K 9 5
                    ♡J 9 7 6
                    ◇10 7 3
                    ♣A 7 4
    ♠7 4 3                          ♠8
    ♡Q 8 3           N              ♡A K 10 2
    ◇K Q J 4       W   E            ◇9 6 5 2
    ♣K 5 2           S              ♣9 8 6 3
                    ♠A Q J 10 6 2
                    ♡5 4
                    ◇A 8
                    ♣Q J 10
```

叫牌从 1♠–2♠ 开始,你能想象得到有些牌手会叫到 4♠。这个局的成功机率大致是 50%,取决于草花的飞牌。正如你所见,♣K 现在是飞中的,所以叫到 4♠ 的牌手都赚到了。

假设这是一场共有六桌的双人赛,六对牌手中有四对叫到了局,那记分表可能会是这样的:

南北	东西	定约	庄家	得墩	南北得分	东西得分	南北 MP	东西 MP
1	5	4♠	南	10	620		3.5	1.5
2	4	4♠	南	10	620		3.5	1.5
3	2	4♠	南	10	620		3.5	1.5
4	1	3♠	南	10	170		0.5	4.5
5	6	4♠	南	10	620		3.5	1.5
6	3	2♠	南	10	170		0.5	4.5

假设南北 4 号选手不是停在 3♠ 上，而是叫到了 4♠，那就共有五对牌手叫到了局，每对牌手都会得 3MP，而他们的对手就会得 2MP。南北 4 号这副牌的得分就会从 0.5MP 变为 3MP，收益是 2.5MP，恰好是顶分的一半。

现在我们再来假设某个赛场里的牌手在叫牌上都更加保守，只有一对南北牌手鼓起勇气叫了局，那记分表最终就会是这样的：

南北	东西	定约	庄家	结果	南北得分	东西得分	南北 MP	东西 MP
1	5	2♠	南	10	170		2	3
2	4	3♠	南	10	170		2	3
3	2	3♠	南	10	170		2	3
4	1	4♠	南	10	620		5	0
5	6	2♠	南	10	170		2	3
6	3	3♠	南	10	170		2	3

我们再次假设另有一对原本没有叫到局的牌手改成叫到了局，那他们的得分就会从 2MP 变为 4.5MP，也还是顶分的一半。

正如你所见，叫到并打成局，可以多得半个顶分，没叫到可打成的局，就会少得半个顶分。如果你在成局机会大于 50% 时都叫到局，从长远来看你们会得到更多的比赛分。

在双人赛里，如果你认为成局的机会大于 50%，那就应该进局。

1♠-2♠和1♠-3♠的区别

如果同伴对你的开叫高花做出了跳加叫(1♠-3♠),通常你只有两种选择:要么不叫,要么叫4♠。我们已经说过,在 IMP 制并且是有局方时,只要你能判定成局的机会超过 40%,就应该进局,而在无局方或者双人赛里,叫到局则需要不低于 50%的成功率。

简单加叫后的情况就有些复杂了,你有了第三个选项,那就是进局试探。有些喜欢装酷的人会说:"我不想打三阶定约,所以从来不做进局试探。1♠-2♠之后我要么不叫,要么就叫4♠。"其实,这种理论不值一驳。如果 4♠ 在同伴是高限牌时是个好定约,而在同伴是低限牌时不是好定约的话,那你就应该让同伴参与决策。你可以使用寻求花色帮助的进局试探(通常是叫出你的第二长套,在这个套里你有几个输墩需要解决),让同伴协助你做出明智的决定。

扩展阅读

假设叫牌进程是 1♠-2♠,然后同伴邀叫进局,而你有四张将牌支持,那你的牌要比三张将牌支持时基本会多拿一墩!所以这时候你就要乐观地评估自己的牌力。

我应该做进局试探吗?

我们再来看看本章第一页里提到的西家的牌:

西		西	东
♠A K 8 6 4		1♠	2♠
♡A 7 3			
◇J 9 5		?	
♣A Q			

你是应该不叫、做进局试探,还是叫到 4♠ 呢?拿 18 个大牌点不叫是过于谨

慎了,你至少应该做进局试探。计算机模拟结果显示,4♠的成功率是 **59%**,而 3♠ 在 **88%** 的情况下可以打成。

在双人赛里,只要成局的希望在 **50%** 以上,就应该进局。拿着西家这手牌,成局的机会是 **59%**,这是否意味着西家可以在同伴加叫 2♠ 后直扑 4♠ 呢?未必!你可以选择进局试探(在这是 3◇)。如果东家是高限,或者对你的方块有很好的帮助,他肯定会叫进局。你需要自问的是:

打双人赛,在同伴不接受进局试探的时候,是否还要叫成功率大于 **50%** 的局呢?

在科学技术发达的今天,我们不用去猜测答案,而是可以用计算机模拟来演算结果。我们预设的条件是:东家的牌可以做简单加叫,但不会接受寻求方块帮助的进局试探。我们使用塔夫·安西亚斯(**Taf Anthas**)开发的软件(我们的另外两本书——《制胜无将首攻》和《制胜有将首攻》也使用了这套软件)模拟了 **5000** 副牌,结果如下:

定约	打成概率	平均得墩	MP	IMP(有局)	IMP(无局)
3♠	82.7%	9.4	54.3%	-1.6	-0.4
4♠	43.7%	9.4	45.7%	+1.6	+0.4

在双人赛里,如果你用 3◇ 做进局试探,然后止叫于 3♠ 上,你能得到 **54.3%** 的比赛分,所以不叫是对的。在 **IMP** 制比赛里结果就不一样了,因为会损失成局奖分。如果在同伴想止叫的情况下,你停在了 3♠ 上,有局时平均每副牌会损失 **1.6IMP**,无局时平均每副牌会损失 **0.4IMP**。因此,如果是在 **IMP** 比赛里,拿着西家的牌就没有必要做进局试探了,应该直接叫 4♠ 进局。

这个例子真是太好了,它清楚地展现了桥牌比赛里不同赛制时应该采取不同策略的道理。

顺便说一句,不要认为一副牌输赢 **1.6IMP**(或者甚至 **0.4IMP**)不算什么。这其实是很大的分差！试想,如果你和同伴的叫牌选择平均每副牌能带来半个 IMP 的收益,那么在一场 32 副的比赛中,这就是 16IMP 了,而我们还没有计算高超做庄和美妙防守的差异呢!

我们再来看一个例子,这是一个无将定约中的边缘局。

西	东
	1NT
?	

西
♠K 9 2
♡A 10 3
♢Q 8 7 3
♣8 5 2

你是应该不叫、做进局试探,还是加叫到 3NT 呢?

我们发了 5000 副符合这个叫牌进程的牌,其中 57% 能打成 3NT。这个成功率和上一个例子类似。同理,这并不意味着你就应该直接叫 3NT。你还有另一种选择,那就是进局试探——叫 2NT;如果在你的体系里叫 2NT 是低花转移叫,那就先问高花再叫 2NT。

我们把计算机模拟程序改动一下,把东家的牌严格设定为 15 点,也就是他拿着不会接受进局邀叫的牌。在这些牌里,只有 43% 能打成 3NT,也就是说,这些牌在双人赛里或者 IMP 制并且是无局方时,都不应该进局。可能你会想,有一些牌如果 3NT 打不成,2NT 可能也打不成。我们还是使用计算机软件来检验一下,看看在东家拿着 15 个大牌点的情况下,2NT 和 3NT 的完成概率如何。

如果同伴拒绝 2NT 邀叫,还要叫 3NT 吗?

定约	打成概率	平均得墩	MP	IMP(有局)	IMP(无局)
2NT	82.8%	8.4	54.3%	-1.4	-0.3
3NT	42.6	8.4	44.6%	+1.4	+0.3

在双人赛里,如果同伴拒绝进局试探,那么停在 2NT 上显然要比叫 3NT 好得多。如果是在 IMP 制比赛里,尤其是有局方时,你无论如何也应该进局,因此不要用进局试探,直接叫 3NT 就可以。

总 结

* 在 IMP 制比赛里,己方有局时只需要 **40%** 的成功率就应该叫局,己方无局时,只有在你能判定成功率在 **50%** 以上时才能叫局。

* 在双人赛里,局况与进局与否无关。唯一有关的因素就是成局定约的成功率,成局希望在 **50%** 以上时都应该进局。

* 当叫牌进程以 **1♠-2♠**(或 **1♡-2♡**)开始时,即使你认为叫到局从长远来看是正确的,也不要直接跳叫进局,而是应该先做进局试探。当同伴拿着低限牌(或配合不好)时,你们可以停在三阶水平上。这样处理牌对提升你们的双人赛成绩是很有好处的。

小测验

1.

> 西
> ♠K Q 10 6 3
> ♡A 5
> ◇8 6
> ♣A J 6 3

西	北	东	南
1♠	不叫	2♠	不叫
？			

你方有局,在这个叫牌进程下,你认为打成 4♠ 的机会有多大? 在(a)IMP 制和 (b)MP 制比赛里,你分别准备叫什么呢?

假设把你的草花换成(1a) ♣ AQ63 , 或者 (1b) ♣ AK63 , 你又会怎么叫呢?

2.

> 西
> ♠K 9 8 6 4
> ♡6 5
> ◇A Q 10 5
> ♣K 3

西	北	东	南
1♠	不叫	3♠	不叫
？			

在这个叫牌进程下,你认为打成 4♠ 的机会有多大? 在(a)IMP 制和(b)MP 制 比赛里,你分别准备叫什么? 你的叫品会随着局况而变化吗?

3.

西
♠A 8 7 2
♡Q 10 5
◇9 4
♣10 9 5 3

西	北	东	南
		1◇	不叫
1♠	不叫	3♠	不叫
？			

你方有局。在这个叫牌进程下,你认为打成 **4♠** 的机会有多大? 在**(a)**IMP 制和**(b)**MP 制比赛里,你分别准备叫什么呢?

4.

西
♠A 9
♡J 10 3
◇9 6 5
♣K 10 7 6 2

西	北	东	南
		1NT	不叫
？			

你方有局,**1NT** 的范围是 **15~17** 点。你认为打成 **3NT** 的机会有多大呢? 在**(a)** IMP 制和**(b)**MP 制比赛里,你分别准备叫什么呢?

答案

1. 计算机模拟显示，4♠打成的机会是**30%**。如果同伴拿着愿意接受进局试探的牌，这个概率会有所上升，但即便如此，在 MP 制比赛里你当然应该不叫。如果是在 IMP 制比赛里你们已经落后，而你想制造点输赢的话，那你可以用3♣邀叫(或甚至直接4♠)，赌一把。

   (a)，草花换成 AQ63 之后，4♠的打成机会上升到了 **46%**，在 IMP 比赛里应该直接叫局，而在 MP 制比赛里则需要用3♣做进局试探。

   (b)，草花换成♣AK63 后，4♠打成的概率上升到了 **58%**，无论在什么比赛里都应该直接叫上 4♠。

2. 打成 4♠的机会是 **54%**。如果是在 IMP 制比赛里，有局方只需要 **40%**的成功率就可以叫局，所以这个选择很简单。如果是在 MP 制比赛里，或者是 IMP 制比赛的无局方时，你还是要叫局。如果打宕了……那也只能自认倒霉了。

3. 同伴的牌力大概是 **16~17** 点，大约六个输墩。♡Q 的价值存疑，而同伴套上是双张小牌也算不上特别有帮助。打成局的机会只有 **29%**，即使是在 IMP 制并且是有局方的情况下，也与进局的标准相差甚远，所以你应该不叫。假设把西家的牌稍微变动一下，将♡Q 换成♡K，那打成局的机会就会增加到 **54%**，这在任何情况下足够进局了。

4. 你有 **8** 个大牌点，牌型是 **5-3-3-2**，还有两张可能有用的 **10**。对着 **15~17** 点的 1NT，打成 3NT 的机会有 **51%**。如果你直接跳叫到 3NT，那大概会得到 **51%**的比赛分，而那些 1NT 后不叫的牌手会得到 **49%**的比赛分。在 IMP 制比赛里，你平均每副牌可以赢得 **1.5IMP**(有局方)或 **0.4IMP**(无局方)。

　　这就是正确答案了吗？不是,因为你可以通过 2NT 进局试探来提高成功的机会。如果同伴接受邀叫,那他打成 3NT 的机会要比 51%高出不少,你们赢得的 MP 或 IMP 也会随之增加。如果你们停在 2NT 上,成局的希望会在 50%以下, 这样即使你方的 2NT 也打宕了,你仍然会击败那些叫上 3NT 而打宕的牌手。当然,叫 2NT 也是有可能吃亏的,那就是同伴没接受邀叫,2NT 也没有打成,那无论是 MP 制还是 IMP 制比赛,你都会输给那些只打 1NT 的牌手!

　　虽然其中的数学问题很复杂,但无论是 MP 制还是 IMP 制比赛,当你拿着这种类型的牌时,最佳策略都是先做进局试探。

3
选择正确的部分定约

在这一章里，我们要讨论的是如何在不同的部分定约中做出正确的选择。在 **IMP** 制比赛里，你应该选择最有把握打成的定约，而在双人赛里，你必须要牢记：在能打成的部分定约里，每一阶得分最高的定约都是无将定约，其次是高花定约，得分最低的则是低花定约。

同伴开叫 1NT，我需要转移到五张高花上吗？

同伴开叫 **1NT** 之后，你拿着一个五张高花套，并且有进局试探以上的牌力，那很显然你要先转移，然后再叫某一阶数的无将。同伴如果只有两张高花支持就会不叫，有三张到四张支持时通常会叫回到你的高花套上。

现在假设同伴开叫 **1NT**，你有五张高花，但是牌力较弱。现在你要决定是打 **1NT**，还是转移到同伴可能只有两张的高花上。你应该如何选择呢？我们来看一个计算机模拟后给出的答案。同伴开叫 **15~17** 点的 **1NT**，你作为应叫人拿着下面的牌：

♠108652
♡J9
♢Q83
♣973

你应该不叫还是叫 2♡ 转移呢？在 **IMP** 制比赛和双人赛里，你的选择是一样的吗？

你的高花套质量很差,如果打无将的话,可能根本就树立不起来,打2♠当然更为明智,因为你拿到几个黑桃赢墩的可能性要比打1NT大很多。以下是计算机的模拟结果:

同伴开叫1NT,你持弱五张高花套和3个大牌点

定约	打成概率	平均得墩	MP	IMP(有局)	IMP(无局)
1NT	14.9%	5.4	33.5%	-1.4	-1.0
2♠	26.3%	6.9	66.5%	+1.4	+1.0

打2♠明显胜出。虽然这两个定约都很像是打不成的,但1NT可能会宕一或宕二,而2♠只宕一。

下面我们将应叫人的牌改为牌力和黑桃套都更强一些:

```
♠K J 6 5 2
♡8 7 5
♦K 10 8
♣10 2
```

现在叫什么呢? 是打1NT还是用2♡转移呢?

同伴开叫1NT,你持强五张高花套和7个大牌点

定约	打成概率	平均得墩	MP	IMP(有局)	IMP(无局)
1NT	87.3%	8.1	39.6%	-0.8	-0.7
2♠	91.9%	9.0	60.4%	+0.8	+0.7

打2♠仍然会更好一些,虽然差距已经缩小了。这是因为打无将定约时,你也可以期望能拿到几个黑桃赢墩。

应该高花定约优先吗?

双人赛时高花的部分定约通常会比低花的部分定约得分高,但前提是你要能打成! 下面这个叫牌进程你怎么看?

西
♠K 2
♡Q 10 7 4
♢9 8 6 3
♣J 9 5

西	北	东	南
		1♠	不叫
1NT	不叫	2♢	不叫
?			

打双人赛时，你不叫还是修正到 2♠ 呢？

你的同伴很可能只有五张黑桃，再加上四张或五张方块。如果他是 6-4 牌型，那么在双人赛里他可能就直接再叫 2♠ 了。我们可以比较肯定地说，2♢ 打成的机会要比 2♠ 大。在 IMP 制比赛里，2♢ 显然是最佳定约（虽然对手可能不会让你方打这个定约）。但在双人赛里，你需要判定叫 2♠ 从长远来看是否会让你们得到更多的比赛分。我们还是看看计算机模拟是怎么说的吧：

1♠–1NT–2♢ 后，是打黑桃还是方块？

定约	打成概率	平均得墩	MP	IMP（有局）	IMP（无局）
2♢	66.7%	8.1	71.6%	+2.5	+1.9
2♠	31.9%	7.0	28.4%	-2.5	-1.9

这两个定约的结果相差甚远！无论是 MP 制还是 IMP 制比赛，打 2♢ 都要比打 2♠ 好很多。

应该放过同伴的 1NT 应叫吗?

下面这个进程,你叫什么?

> 西
> ♠KQ982
> ♡J6
> ◇A972
> ♣K5

西	北	东	南
1♠	不叫	1NT	不叫
?			

你在打双人赛并且同伴的 1NT 不逼叫。你可以推定他有 6~10 个大牌点,并且没有三张黑桃支持。你不叫还是再叫 2◇ 呢?

很多牌手会不假思索地叫 2◇,但要记住,1NT 在双人赛里是个很有吸引力的定约。现在已知黑桃没有八张配合,而方块很可能没有 4-4 配合。

根据这个叫牌进程模拟的 5000 副牌显示出如下有趣的结果:

东家在西家花色中的长度

	0	1	2	3	4	5	6+
♠	5%	30%	65%				
◇	0%	6%	20%	31%	26%	13%	4%

如果你选择再叫 2◇ 并最终以方块为将牌,但发现联手只有七张(甚至可能只有六张)配合,那你会觉得打 1NT 的结果很有可能会更好。即使你找到了八张以上的方块配合(概率为 43%),打 1NT 的得分还是可能更高。你叫 2◇ 的时候,同伴偶尔还会再叫 2♡,但他有六张以上红心的概率只有 13%。如果由东家主打 1NT,打成的概率是 53%。所以,你的最好选择就是 1NT 后不叫。

如果你的第二套是红心呢?

```
西
♠ A Q 9 8 2
♡ K J 6 5
♢ K 4
♣ 10 7
```

西	北	东	南
1♠	不叫	1NT	不叫
?			

如果是打 **IMP** 制比赛,再叫 **2♡** 是有目的的。因为如果同伴有红心配合的话,你们就有可能打成 **4♡**。在双人赛里你也可以叫 **2♡**,一方面是寻找进局机会,另一方面也可能是改善定约(联手有红心配合的概率是 **43%**)。但如果红心没有配合,尤其是当同伴的牌型是类似 **1-3-5-4** 的时候,打 **2♡** 就不如停在 **1NT** 上。这两个叫品很难说哪个更好。

开叫人再叫 1NT,我应该不叫吗?

同伴开叫 **1♣** 或 **1♢**,然后再叫 **1NT**,表示 **12~14** 个点。当你对同伴的低花有支持时,你可能会在不叫和在二阶回叫其低花中犹豫不决。以下情形你通常会选择哪一门花色做将牌呢?

```
西
♠ K 10 8 4
♡ K 5
♢ Q 9 7 2
♣ 10 5 3
```

西	北	东	南
		1♢	不叫
1♠	不叫	1NT	不叫
?			

同伴肯定有四张(或五张)方块。2◇拿到八墩与1NT拿到七墩的分数是一样的,都是**90分**。如果1NT能拿到八墩,那就是**120分**。要超过这个结果,就要在方块定约里拿到并不太有把握的10墩(**130分**),你该如何选择呢?

我们先来看看计算机的模拟结果:

1◇-1♠-1NT后,是打方块还是无将?

定约	打成概率	平均得墩	MP	IMP(有局)	IMP(无局)
1NT	56.0%	6.7	36.1%	-1.6	-1.2
2◇	80.0%	8.3	63.9%	+1.6	+1.2

令人惊讶的是,2◇完胜1NT,这是因为2◇打成的概率会比1NT打成的概率大得多。当然,对手可能不会甘心让你方打2◇而进行争叫,这也是事实。

5-4-2-2开叫1NT

当你拿着**15~17点**并且是某些类型的**5-4-2-2**牌型时,开叫1NT可能会有很好的效果,尤其是在双人赛里。如果1NT后全不叫了,它通常会是个很棒的定约。看看这三手牌:

(a)
♠Q 6
♡A J 6 2
◇K Q 8 5 4
♣K 5

(b)
♠K 3
♡Q 10
◇A J 7 6 2
♣A J 5 4

(c)
♠Q 9
♡A J 8 7 2
◇K Q 7 6
♣A 10

很多人拿牌(a)都会开叫1NT。你的牌力不够逆叫,所以如果你开叫1◇,而同伴应叫1♠的话,你就只能再叫2◇(可能只有**5-2**配合甚至是**5-1**配合)。牌(b),如果你开叫1◇,当同伴应叫1♡/1♠后,你可以顺便叫出草花套,但这样就会越过1NT。从长远来看,开叫1NT获利的机会要比开叫1◇多。牌(c)情况就不一样了。你的五张套是高花,外边还有八张红心,而同伴有三张红心支持的机会很大,因此开叫1♡更好。

拿单张再叫 1NT

虽然有些牌手拒绝在有单张时再叫 1NT,但是在双人赛里,如果你在同伴的花色里有一个单张,那再叫 1NT 有时候会收到很好的效果。

```
西
♠9
♡A J 8 3
◇K J 7 6 5
♣K 10 4
```

西	北	东	南
1◇	不叫	1♠	不叫
?			

拿着西家这手牌你准备再叫什么呢?你的牌力不够逆叫 2♡,而如果按常规的方式再叫 2◇ 的话,你可能会面对同伴只有两张(甚至一张)方块的窘境。在这种情况下,我推荐再叫 1NT。

> **扩展阅读**
>
> 你可能会说:"拿单张再叫 1NT?不管这是谁说的,我都不会这么叫!"这绝对没问题,你的叫牌方式当然是自己用起来舒服就好。

假设你拿着下面这手牌,合理的再叫是什么呢?

```
西
♠9
♡A 10 7
◇A Q 9 7 3
♣Q 9 8 4
```

西	北	东	南
1◇	不叫	1NT	不叫
?			

如果你选择再叫 2♣，没人能说你不对，但是这样的结果往往是你们最后去打 5-2 配合的方块。而如果你再叫 1NT 的话，在双人赛里很有可能得到更多的比赛分。

一旦你接受了单张再叫 1NT 的叫牌方式，有些叫牌进程的处理就要重新考虑了：

```
西
♠K 10 8 6 4
♡K 7 2
◇J 9
♣Q 8 3
```

西	北	东	南
		1◇	不叫
1♠	不叫	1NT	不叫
?			

你应该不叫，还是再叫 2♠？这个问题已经争论了好几十年。我们还是让计算机来模拟 5000 副牌吧——假设东家在持单张黑桃时绝对不会再叫 1NT，拿着三张黑桃时也绝对不会加叫 2♠（这些限制条件都会让西家更倾向于再叫 2♠）。

1◇-1♠-1NT 后，是不叫还是叫 2♠？

定约	打成概率	平均得墩	MP	IMP(有局)	IMP(无局)
1NT	79.8%	7.4	47.8%	−0.05	+0.03
2♠	73.9%	8.1	52.2%	+0.05	−0.03

两个选择几乎难分仲伯！在 IMP 制比赛里，你选择哪个叫品都差不多，但是在双人赛里，叫 2♠ 会稍微占优。

我建议你拿着这样的牌在开叫 1◇ 后，用 2♠ 来加叫同伴的 1♠：

♠A94 ♡Q6 ◇A10542 ♣K97

如果你和同伴认可这种叫牌方式，那么胜利天平就会向打 **1NT** 那边倾斜。也就是说,如果你们允许在同伴花色中拿单张时再叫 **1NT**,那在 **1NT** 后不叫就会成为大胜的行动。

总结

* 在同伴开叫 **1NT** 之后,你拿着一手弱牌并且有一个五张高花套时,那么应该转移到这个高花上,而不是放打 **1NT**。这个原则在 **MP** 制和 **IMP** 制比赛时都适用。

* 双人赛时高花的部分定约要比低花的部分定约得分高,但前提是你要能打成定约。如果同伴开叫 **1♡** 或 **1♠**,你应叫 **1NT**,同伴再叫 **2♣/2◇**,而你在开叫人的高花中是双张,而低花上有四张时,那你应该选择打低花(除非你的牌力强大到可以加叫低花到三阶)。

* 在双人赛里,**1NT** 是一个极好的定约(尤其是你们是无局方时)。当牌力充足时,即使在同伴的套上是单张,你也应该愿意再叫 **1NT**。

* 当你是 **5-4-2-2** 牌型,五张套是低花,四张套是红心时,如果牌力不够逆叫,那就不如开叫 **1NT**。在双人赛里,只要五张套是低花,**5-4-2-2** 牌型开叫 **1NT** 可能会有很好的效果。

* 与上一条类似,如果你一阶开叫后再叫 **1NT** 的点力范围是 **12~14** 点,你也可以在拿着某些 **5-4-2-2** 的牌时做变通的 **1NT** 再叫。

* 在 **1◇-1♠-1NT** 这样的叫牌进程之后,如果你有五张黑桃,不要叫 **2♠**,而是让同伴打 **1NT**。

小测验

假设都是在打双人赛。

1. 你开叫之后，同伴应叫 1♡ 或 1♠，你拿着下面三手牌时的叫牌计划各是什么？

(a)
♠6
♡K 10 4
◇A Q 10 6 2
♣Q 10 7 3

(b)
♠A J 2
♡J 4
◇K 8 7 6 5 2
♣K 7

(c)
♠9 3
♡K 2
◇K J 8 7
♣A Q 7 6 2

2. 你拿着下面三手牌时的叫牌计划各是什么？

(a)
♠A
♡K J 7
◇Q 9 8 4
♣A Q 10 6 2

(b)
♠K J 2
♡A Q 10 7 3
◇A 4
♣Q 9 6

(c)
♠9 3
♡K Q 8 7 3
◇J 9 4 2
♣A Q

3. 作为西家，你下一步准备叫什么呢？

西
♠J 2
♡Q J 7 4
◇K 7 5
♣9 6 5 2

西	东
	1♠
1NT	2◇
?	

4. 你仍是西家，下一步你准备叫什么呢？

西
♠K 10 7 4 2
♡K 6 2
◇4
♣J 9 6 4

西	东
	1◇
1♠	1NT

答案

1. 牌(a),开叫 1♦。如果同伴应叫 1♡,你应该加叫 2♡。如果同伴不叫,4-3 配合的 2♡ 会是很不错的定约(他可以用明手的短将牌将吃黑桃)。如果同伴的牌力足够再叫,他可以核实你是否有四张红心支持。如果同伴对 1♦ 应叫 1♠,你应该再叫 1NT,表示 12~14 点。1NT 很有可能是得分最高的定约,而且你是唯一有机会叫出 1NT 的人!

   牌(b),还是开叫 1♦,如果同伴应叫 1♡,那么再叫 2♦ 要好于再叫 1NT(假设同伴对这两个再叫都不叫,2♦ 能得到 65.6% 的比赛分,而 1NT 只有 34.4%)。有些牌手喜欢拿这种牌型(当牌力符合要求时)开叫 1NT,这有一部分是因为它的阻击效果。但你开叫 1♦,就有很大的希望找到方块配合(同伴有两张方块的概率是 47%,有三张方块的概率是 28%。)

   牌(c),你开叫 1♣(拿着这种牌型时不要试图开叫 1♦,然后再叫 2♣)。如果同伴应叫 1♠,你可以再叫 1NT。如果同伴应叫 1♡,你拿着双张小黑桃再叫 1NT 并不太合适,还是再叫 2♣ 更好些。

2. 牌(a),假设你开叫 1♣,那么当同伴应叫 1♠ 的时候,你就会很别扭。因为你的牌力不太够逆叫 2♦,而再叫 1NT 是表示有 12~14 点。所以从长远来看,拿着这种牌时开叫 1NT 最好。

   牌(b),如果你开叫 1♡,那么当同伴应叫 1♠、1NT、2♣ 和 2♦ 的时候,你都没有合适的再叫!最好的办法就是简单开叫 1NT,有五张高花也没关系。

   牌(c),开叫 1♡。如果同伴应叫 1♠,你应该再叫 1NT 而不是 2♦。如果同伴应叫 1NT,你会知道他最多只有三张黑桃和两张红心,那找到方块 4-4 配合的机会就相当大了。不叫和 2♦ 这两个叫品难分仲伯。

3. 同伴可能会有五张方块,照此来说你最好是放打 2♦。这个定约打成的机

会是 **47%**,而 **2♠** 打成的机会只有 **41%**。但是在双人赛里,只要你能打成,那 **2♠** 明显是个更好的定约。**2♠** 能得到 **61%** 的比赛分,而 **2◇** 只能得到 **39%** 的比赛分。因此,你应该修正到 **2♠**。

4. 你应该对 **1NT** 不叫。根据本章推荐的叫牌方式,同伴有可能拿着这样的牌:

♠8   ♡QA53   ◇AQ873   ♣Q105

2♠ 定约毫无机会。这时就能看出同伴拿着单张黑桃再叫 **1NT** 的效果有多好了。而如果打 **2◇** 的话,你们所能得到的比赛分肯定会少得可怜。

4
阻击开叫

阻击开叫的主要目的是剥夺对手的叫牌空间，给对手寻找最佳定约制造困难。如果你有机会开阻击叫，但却找理由不叫，这种策略是不会成功的。在 IMP 制比赛里，如果你因为对手的阻击叫而错过了最佳定约，或是叫得过高，那一定是让你非常恼火的。然后如果你发现另一桌的队友并没有做同样的阻击叫，从而让拿着你这手牌的对手舒舒服服地找到了最佳定约，那才真叫火上浇油！

弱二开叫

打双人赛时，弱二开叫是一种很有必要的武器。假设你拿到了这样的牌：

♠K Q J 8 7 2　♡7 6 2　◇8　♣10 4 3

如果黑桃是将牌，你应该能拿到五墩，而如果防守其他花色的定约，你最多只能拿一墩。这说明了什么呢？说明你的牌是非常适合做阻击叫的。如果你打弱二开叫的体系，那在前三家任意局况下你都应该开叫 2♠！

千万不要像有些牌手那样，说："我这牌太弱，不能在有局方时做弱二开叫"，或者"我不喜欢在另外一门高花有四张时也开叫弱二高花。"你的下家很可能有一手好牌，换位思考一下就知道了。你认为他会喜欢自己的第一次叫牌就要在三阶水平以上吗？

就算你偶尔吃到巨额罚分，那也只是坏了一副牌的比赛分而已，由于你会经常阻碍对手叫到最佳定约，这足以弥补偶尔的巨额罚分给你方造成的损失。

对弱二开叫的应叫

很多牌手在面对同伴的弱二开叫时都会叫得过高。如果你们的二阶开叫风格比较激进的话，那在做应叫时就必须要考虑到这个因素。总的来说，只要有配合，你就可以叫得随意一些，给对手制造更多的麻烦。如果没有配合的话，你就应该叫得保守一些。

以下是对 2♡ 弱二开叫的标准应叫方法：

2♠ : 邀叫

2NT : 进局试探

3♣/3♢ : 逼叫并且是自然叫

3♡ : 加深阻击, 不是邀叫

3♠ : 逼叫, 自然叫

3NT : 要打, 可能有一门长套低花

4♡ : 可能是阻击, 也可能是好牌

同伴开叫弱二 2♡, 当拿着以下有将牌支持的牌张时, 你会如何应叫呢?

(a)
```
♠ 9 7 2
♡ K 10 4
♢ 8 2
♣ A J 9 7 3
```

(b)
```
♠ 10 8
♡ A J 9 2
♢ K J 8 7 4
♣ 7 3
```

(c)
```
♠ A Q 8 7 2
♡ K 9 7
♢ 10 3
♣ A Q 10
```

牌(a), 你能推测到对手会有个好定约, 也许能成局。加深阻击到3♡, 会给他们叫牌制造更大的困难。牌(b), 你几乎可以肯定对手能做成黑桃成局定约, 直接叫到4♡, 从而夺走他们的叫牌空间。牌(c), 你估计同伴大概只有♡AQJ×××,

其他不会再有什么了。你们能吃到六墩将牌和两个 A,这是八墩。你方两门黑花色上的 Q 可能会吃到一个或两个飞牌赢墩,或者黑桃套可以树立起来。所以这手牌也要直接加叫到 4♡,但这一次是建设性的。

三阶开叫

当你在三阶上进行阻击时, 防家能有效地惩罚到你的机会要比二阶略高,因此你要慎重些,尤其是在有局方的时候。如果前两家都没有开叫,那你在第三家时就可以随意一些,但在己方有局的情况下,前两家,尤其是第二家做阻击时要保证不错的牌力。

有些读者可能和我的岁数差不多,我们年轻时学的是"二三法则",也就是说,你的牌要差不多保证最多只会吃到 500 分的罚分。随着时代的发展,叫牌的法则也发生了巨大的变化。首先,由于几乎所有人都使用技术性加倍,能惩罚到你的可能性并不太大。其次,有局方时如果要求手里要有可能的七个赢墩,但牌力还要弱得只能做阻击叫,这种牌实在是太罕见了。如果你非要坚持这种标准,那恐怕要等到猴年马月才能开一次三阶阻击叫。

当代的牌手都意识到阻击叫是一种非常有效的武器,因而希望扩大阻击叫的适用范围,尤其是在双人赛里和无局方时。看看下面几手牌:

(a)	(b)	(c)
♠KQJ9872	♠8	♠9
♡972	♡104	♡AQJ10864
◇8	◇762	◇107
♣109	♣KQ86432	♣QJ4

牌(a),你当然希望阻得越高越好! 在任何情况下都要开叫 3♠。不要胆小地开叫弱二 2♠,这会大大降低对手叫牌的难度。有些彪悍的牌手会直接开叫 4♠。

牌(b),无局方时你开叫 3♣阻击是合格的,但有局方时不行,除非你是双人赛里的第三家。

牌(c),这是符合老式"二三法则"的牌,但在有局方时,这手牌对于三阶阻击来说也是太强了。所以你应该开叫1♡。

对三阶阻击开叫的应叫

当同伴开叫阻击性的 3♡ 或 3♠ 时,你有两种理由会加叫到局。第一,你的牌很强,认为同伴能打成这个局。第二,你对同伴的花色有好配合,并且希望加深阻击。

假设同伴开叫 3♡,你拿着下面几手牌时准备怎么叫呢?

(a)
```
♠ A Q 8 7
♡ 9 7
♢ Q 10 6
♣ A K 10 3
```

(b)
```
♠ 10 7 2
♡ K 10 6 4
♢ 9
♣ K J 9 7 4
```

(c)
```
♠ K 9
♡ 6
♢ A Q 7
♣ A K Q J 8 7 3
```

牌(a),你要加叫到 4♡。很难说一定能打成,但如果同伴是在有局方开叫的,那你可以期望他打成定约。如果是无局方,4♡宕的可能性会比有局方时大一些,但进局仍值得一试。

牌(b),你会加深阻击到 4♡。换句话说,你并不期望 4♡ 能打成,但对手很可能有成局定约。你希望能剥夺他们一轮的叫牌空间,让第四家牌手更难参与叫牌,或者错过配合最好的花色。

牌(c),你要应叫 3NT。这个叫品并不表示你是均型牌。如果你拿着一手开叫强无将的牌,那你更可能会加叫到 4♡。因此,3NT 更像是有个很长的低花套,开叫人不应考虑改叫 4♡。

四阶开叫

当你开叫 4♡ 或 4♠ 时,别忘了这也是阻击叫。你表示是一手有个大长套的弱牌。如果你拿着大约 18 个大牌点的强牌却错误地在四阶开叫,那当同伴有足够的大牌支持时,你们就很容易会丢掉满贯。看看下面这三手牌,你在第一家或第二家准备怎么叫。

(a)
♠AQJ98752
♡75
◇8
♣Q7

(b)
♠8
♡AKQJ863
◇KJ72
♣6

(c)
♠AJ87542
♡KQ4
◇86
♣10

牌(a),这是非常理想的开叫4♠的牌。如果黑桃是将牌,你能拿到很多墩,但如果让对手打他们的花色,那你就几乎什么都拿不到。这手牌可以做为阻击开叫的标准型。

牌(b),牌力太强了,只要同伴有两个A,满贯就差不多到手了。所以你要开叫1♡。

牌(c),既不适合开叫3♠,也不适合开叫4♠。开叫3♠的话,你这牌太强了。而开叫4♠的话,你的黑桃套又不够好。最好的选择无疑是开叫1♠,然后准备再叫2♠,因为你的牌力实在是太少了。

扩展阅读

有些牌手开叫4♣或4◇是纳米亚茨(或南非德克萨斯)约定叫,表示是4♡或4♠开叫中的强牌。开叫4♣的牌可能是:♠97 ♡KQJ109853 ◇A4 ♣9。较弱的牌则直接开叫4♡。

第三家的阻击叫

你经常会听到牌手们说:"第三家什么也不保证!"这是什么意思呢?假设你是一手弱牌,而前两家都不叫,那你的下家极有可能是拿着一手好牌。想方设法给他制造困难,这只是一种人类的本能。所以,你可以拿着比正常阻击叫更弱的牌开叫,特别是在双人赛里,尤其是在无局方的时候。

假设你是第三家,前两家都不叫,你的牌并不怎么有特点:

(a)
♠Q 10 9 8 7 5 2
♡7 5 3
♢J 6
♣5

(b)
♠8
♡J 9 6
♢5 4 2
♣K Q J 7 6 2

(c)
♠K Q 7 6 2
♡4 2
♢J 8 6 2
♣10 5

牌(a),己方无局时,你应该毫不犹豫地开叫 3♠。下家拿着一手极好的牌,正在酝酿着用什么精妙的手段来示强。想象一下他看到你的开叫后会有多么难受吧!记住,现在几乎所有人都用技术性加倍,所以你被惩罚的风险极小。

牌(b),第三家并且是无局方,你开叫 3♣ 几乎是必须的。在双人赛里,很多牌手拿着这样的牌在前两家也会开叫 3♣(第三家双有局时也同样如此)。你打草花定约大概能拿到五墩,做防守则可能一墩也没有。3♣ 对下家的阻击效果是毋容置疑的。假设他有个好的高花套,他只能选择不叫或者在三阶上叫牌。而他选择叫牌之后,他的同伴还要去猜他到底是有 12 点还是 18 点。

牌(c),在双人赛里,任何局况下你在第三家位置时都要开叫 2♠。这就会迫使第四家在三阶以上叫牌,而他的同伴则要猜断是否要加叫。

在第三家位置上, 你也可以用比正常阻击叫更好的牌来阻击。同伴已经不叫,所以丢局的风险已经最小化了。你坐第三家,前两家不叫,你拿着下面三手牌时准备怎么叫?

(a)
♠2
♡K 6
♢J 7 4
♣A Q J 10 7 6 5

(b)
♠J 4
♡10 6 2
♢A K Q J 9 4
♣10 3

(c)
♠9 7 3
♡K Q J 10 4 2
♢Q J 6
♣4

牌(a),你要开叫 3♣。如果是在前两家,这手牌对于阻击开叫来说过强了。即使是在第三家开叫 3♣,你仍然有可能丢了可打的 3NT。不过,你给对手制造困难的概率要比丢局大得多。

牌(b),你准备开叫 1♢,让下家轻松地参与叫牌吗？你开叫 3♢,对手就会认识到你是一个多么难缠的劲敌。

牌(c),你的牌几乎没有防守价值,你要开叫 3♡而不是 2♡。

总结

* 阻击叫很有用！不要像有些牌手那样总是找理由不做阻击叫。给对手制造些困难吧。

* 第一家和第二家的阻击叫应该合格。你的同伴还没有不叫过,如果他拿着强牌的话,你并不想占用他很多的叫牌空间。

* 第三家做阻击叫的牌主要有三种类型:正常阻击、非常弱的阻击,或者强牌阻击。让对手去猜你是其中的哪一种吧。阻击叫最重要的作用就是剥夺对手的叫牌空间,迫使他们去做猜断。

小测验

1. 打双人赛，双方无局。拿着下面的牌，你在第一家会如何行动呢？

(a)
♠ K 10 8 7 6 2
♡ Q 10 4
◇ 6 5
♣ J 7

(b)
♠ 7 2
♡ A Q 10 8 7 4
◇ 9 8 4
♣ A 3

(c)
♠ J 9 7 6
♡ K Q 9 8 5 2
◇ Q
♣ 10 3

(d)
♠ J 9 7 6 5 2
♡ 10 6 4
◇ A K 7
♣ 8

2. 你们单方有局，双人赛。前两家不叫，拿着下面的牌，你在第三家会如何行动呢？

(a)
♠ 8
♡ 9 6 2
◇ J 10 5
♣ K Q 10 7 6 2

(b)
♠ K J 10 7 3
♡ 7 5 3
◇ 10 9
♣ Q J 6

(c)
♠ 9 3
♡ J 5
◇ A K Q 9 8 5
♣ 10 8 4

(d)
♠ 9 7
♡ A K Q 6
◇ 5
♣ J 9 7 6 4 2

3. 你们单方有局，双人赛。拿着下面的牌，你在第二家会如何行动呢？

(a)
♠ Q 8
♡ K 9 7 6 5 3
◇ Q 7 4
♣ 8 2

(b)
♠ K Q J 9 7 6
♡ 10 9 3
◇ A 8 4
♣ 3

(c)
♠ 6
♡ J 4
◇ 10 7 3
♣ A K Q 8 7 6 3

(d)
♠ A Q 9 7 6 5
♡ K 10 9 4
◇ J 4
♣ 6

答案

1. **(a)** 你要开叫2♠。你当然要开叫！别像有的牌手那样说："开叫弱二的套应该比这个更好些。"每个人都喜欢和那些拿着这副牌不开叫的人做对手，因为这样的话己方的叫牌就会轻松很多。如果叫牌是从2♠起步的，想象一下对手会有多难办。

(b) 这手牌对于弱二来说太强了，你要开叫1♡。

(c) 有些牌手会开叫2♡，抓住一切机会去阻击。但是从长远来看，拿着这样的牌还是不叫更好，因为开叫2♡后很有可能会错失黑桃花色的好定约。换一个角度来看，你自己拿着四张黑桃，开叫2♡想去"阻击"黑桃的结果就很有可能是适得其反。

(d) 用来阻击的花色再烂也要有个限度，这个黑桃套的质量就属于"突破底线"的那种，不能开叫2♠。理想状态下，用来阻击的牌应该是主要点力都在长套上，有不错的主打实力，但是防守实力很差。这手牌则正好相反，你的边花上有两个防守赢墩，黑桃长套的质量却不敢恭维。（当然，你会发现有些牌手拿着这种牌时还是会开叫2♠！）

2. **(a)** 你能想到下家会是一手强牌，可能还有高花长度。开叫3♣，给他制造点儿小麻烦。别以为这样叫是冒险，这是桥牌的正招！在这种进程下，几乎所有人都使用技术性加倍，所以你被惩罚到的可能性微乎其微。

(b) 开叫2♠。在第三家，这种开叫是正常的。如果你不叫，让下家舒舒服服地开叫，比赛结束后你可能就会发现这副牌的结果很不理想。

(c) 开叫3♢。如果是第一家或第二家，你拿着这种牌时都不应该开叫，但是在第三家时开叫的感觉很好。如果下家争叫3♠，他的同伴就要猜断他到底是有12点还是18点。

(d) 你应该开叫3♣吗？你要开叫，但不是开叫这门花色！很多牌手会开叫

1♡,哪怕红心只有四张。定约估计是属于对手的,开叫1♡可以指示首攻。

3. **(a)** 有局方,尤其是在前两家,你要有一手不错的牌才能开阻击叫。这手牌的长套质量很差,所以你不应该开叫。

(b) 这手牌的价值足够开叫1♠。如果你开叫弱二,无论是在第几家位置,同伴都不会想得到你有这么强的主打牌力。

(c) 上一手牌你不需要阻击,但这手牌需要做阻击叫。所以,开叫3♣吧。

(d) 开叫1♠。你的红心这么好,不适合开叫2♠,而且你的牌力也足够在一阶水平上做正常开叫。

5
争夺部分定约

假设你刚学习打桥牌,只是在家里和亲友们随便玩过几次。这时有同事告诉你说,在网上可以看到顶级桥牌比赛的直播,所以你就抽了一个小时的空,上 BBO 去看了一下。不看不知道,一看吓一跳:那些牌手在大多数情况下,都会像猛虎扑食那样去争夺部分定约!

现在假设对手的叫牌停在 2♡ 上,如果你用 2♠ 或 3♣ 抢过来打,即使会宕一,也很可能是划算的。在双人赛里,宕一输掉 50 分或 100 分,那也要比对手让打成 2♡ 得到 110 分好得多。另外,如果你能把对手抬上 3♡,那你甚至有机会拿到正分。

在这一章里,我们要讨论争夺部分定约的时机和方法。

放打对手的低阶定约前,先停下来想想

对手叫 1♡-2♡,然后开叫人不叫了。你应该作何反应呢?对手找到了配合,但是无意进局,这说明他们联手基本不会超过 23 点,低到 17~18 点也是有可能的。你方的大牌点数接近总点数的一半,所以参与竞叫可能是有利可图的。

另一个鼓励你叫牌的因素是:对手找到了一个至少八张套的配合,也就是说,你和同伴也非常可能会有一个至少八张套的配合。试想一下,你们两人的红心加起来最多只有五张,剩下的 21 张牌分布在三门花色里,除非恰好每门你俩都是

七张,否则你们就一定会有一个八张以上的花色配合。假设你是西家拿着下面的几手牌:

(a)	(b)	(c)	(d)
♠J9862	♠A1042	♠KQ109	♠82
♡1073	♡92	♡986	♡9
◇A2	◇KJ82	◇QJ6	◇KJ984
♣K93	♣Q96	♣K52	♣A10952

西	北	东	南
			1♡
不叫	2♡	不叫	不叫
?			

牌(a),你要叫 2♠。你已经不叫过,所以这是一个"平衡叫"。不必担心你只有 8 个大牌点。对手没有试探进局,所以你的同伴大概至少有 10 个大牌点左右,并且最多只有两张红心,所以很有可能会有些黑桃支持。当对手找到配合时,别让他们那么轻易地买走定约!

牌(b),你要做技术性加倍。

牌(c),你叫 2♠要比加倍好。同伴的红心肯定短,因此即使黑桃是 4-3 配,2♠也是个比较好打的定约。由于你一开始并没有争叫 1♠,所以如果同伴的黑桃较短,他是可以改叫某一门低花的。但是如果你选择加倍,那么当同伴是 3-2-4-4 牌型时,你们就会叫到错误的定约上。

牌(d),你叫 2NT。这是不寻常 2NT,表示在两门低花上都有长度。

在无局的情况下,无论是 IMP 还是 MP 制比赛,你拿着上述四副牌时都应该争叫。在有局的情况下,大多数的高手也一样会争叫。没错,你有可能被对手惩罚,并吃到大量罚分,但是争夺部分定约是非常重要的。即使你特别不走运,给对手写下了一个巨大的分数,那也不过是在双人赛里坏了一副牌而已。

只有在 IMP 制比赛并且是有局方时,你才需要有所收敛。牌(a)和牌(b)还是可以争叫和加倍,但是牌(c)和牌(d),有些牌手就会认为不叫为宜。

我们来看看下面这副典型的牌例,假设你是西家:

南发牌

双方有局

```
                    ♠ K 5 3
                    ♡ Q 4 2
                    ◇ Q J 10 3
                    ♣ 10 6 5
      ♠ J 9 8 6 2              ♠ A 10 7
      ♡ 10 7 3        N        ♡ 9 8
      ◇ A 2       W     E      ◇ K 9 8 6 4
      ♣ K 9 3        S         ♣ Q J 7
                    ♠ Q 4
                    ♡ A K J 6 4
                    ◇ 7 5
                    ♣ A 8 4 2
```

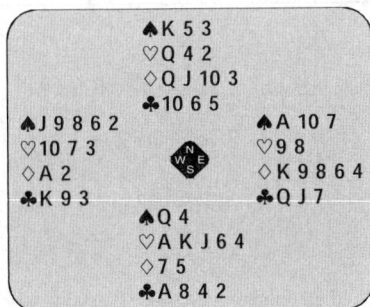

西	北	东	南
			1♡
不叫	2♡	不叫	不叫
2♠	全不叫		

　　对手找到了高花配合但停在了二阶上,你争叫 2♠,期待同伴有 10 点左右。而且,他最多只有两张红心,所以很可能有黑桃支持。

　　2♠ 无论怎样防守都可以打成。如果南家决定叫 3♡,那他会输一墩黑桃、两墩方块和两墩草花,结果宕一。通过参与叫牌,你就把负分变成了正分。

　　如果这副牌出现在双人赛里,那随牌记分表就可能是这样的:

南北	东西	定约	庄家	结果	南北得分	东西得分	南北 MP	东西 MP
1	5	2♡	南	8	110		5.5	1.5
2	4	2♠	西	8		110	1	6
3	7	2♡	南	8	110		5.5	1.5
4	1	3♡	南	8		100	3	4
5	6	2♠	西	8		110	1	6
6	3	3♡	南	9	140		7	0
7	8	3♠	西	8	100		4	3
8	2	2♠	西	8		110	1	6

有两对幸运的南北舒服地打成了 2♡，得到 5.5MP。有三对东西竞叫 2♠ 并打成，拿到 6MP。还有两对南北用 3♡ 盖叫 2♠，一桌打宕，另一桌因对手防守失误而打成。最后还有一对东西牌手决定抢打 3♠，但没有成功。因此放打 3♡ 是正确的选择。

通过上面这副牌，你会了解到争夺部分定约的重要性。

第四家的平衡叫

假设你的下家开叫 1♡，然后叫牌进程如下：

西	北	东	南
1♡	不叫	不叫	？

如果放打 1♡，西家可能会打得很轻松。他至少有五张将牌，而你方需要拿到七墩才能防宕。而且，你知道将牌的分布肯定对你方不利！

双方的大牌点应该差不多。东家的牌力不够应叫，而西家的牌也没有特别强的迹象。记住，如果你的同伴持平均牌型，那他即使拿着 14 点也只能不叫，因为争叫 1NT 需要至少 15 个大牌点。所以即使你的牌力不是那么强，也要想办法尽量叫一下。你有理由认为同伴有不少牌力，因而你们可以找到一个可打的定约。

第四家平衡叫的原则是，你的牌力可以比第二家争叫的标准少一个 K。你的同伴(北家)如果准备继续叫牌，他应该考虑到你的牌力可能会低到这个程度。

假设你是南家，拿着下面的这几手牌：

(a)	(b)	(c)
♠K 9 8 6 2	♠A 4	♠Q 9 7 3
♡10 7 3	♡K 10 4	♡9 8
◇9 2	◇Q J 9 2	◇A 10 8 2
♣A 8 7	♣Q 8 7 3	♣K J 6

西	北	东	南
1♡	不叫	不叫	?

牌(a)，你应该平衡 1♠。你只有 7 点，但是如果从同伴那里"借"一个 K，就是 10 点了——完全够得上一阶争叫。

牌(b)，叫 1NT。虽然在第二家时争叫 1NT 需要 15~18 点，但是按照"借一个 K"的原则，这里只需要 12~15 点。

牌(c)，同理，这手牌够得上做平衡性加倍。你有 10 点，再加上一个 K 的话就是 13 点，整手牌符合在第二家做加倍所要求的牌型。看看典型的四手牌可能是什么样子的：

西发牌

东西有局

<pre>
                  ♠K J 8 2
                  ♡A 7 3
                  ◇J 6 3
                  ♣Q 9 3
  ♠A 6   ♠10 5 4
  ♡K Q J 10 6 5   N   ♡4 2
  ◇Q 5 4   W   E   ◇K 9 7
  ♣A 8   S   ♣10 7 5 4 2
                  ♠Q 9 7 3
                  ♡9 8
                  ◇A 10 8 2
                  ♣K J 6
</pre>

西	北	东	南
1♡	不叫	不叫	加倍
2♡	2♠	全不叫	

不出所料,西家拿着一手强牌,否则北家的牌力大概就可以参与叫牌了。如果你拿着南家的牌不做平衡叫,西家就可以在1♡定约中轻松拿到8墩,得到110分。这个结果对你来说就很差了,尤其是在双人赛里。你们联手拥有一半的大牌点,一定要参与部分定约的争夺。你坐在平衡位置,如果你不叫牌,叫牌就结束了,所以你要承担起争叫的责任,做一个平衡性加倍。

西家牌力很强,叫2♡绰绰有余(这个定约是可以打成的)。北家现在有些难办,他有11个点,但有九个输墩,而且知道你的平衡性加倍可能会比较轻。所以,他正确地选择了只叫2♠。2♠成为最终定约,并且刚好打成。南北得+110分,而南家如果由于胆怯不敢做平衡叫的话,南北的得分就会是-110分。

南北	东西	定约	庄家	结果	南北得分	东西得分	南北 MP	东西 MP
1	5	1♡	西	8		110	0.5	6.5
2	4	2♠	北	8	110		5	2
3	7	3♡	西	8	100		3	4
4	1	2♠	北	8	110		5	2
5	6	3♠	北	8		100	2	5
6	3	1♡	西	8		110	0.5	6.5
7	8	3♡×	西	8	200		7	0
8	2	2♠	北	8	110		5	2

有两桌的西家打上了1♡,他们共享了顶分6.5MP。南家不做平衡叫的下场就是只拿到0.5MP的底分,可以说是"罪有应得"。

有三桌的南北争叫 2♠ 并打上了这个定约,正好打成,得 110 分,拿到 5MP。两桌的西家再抢 3♡,没人加倍,宕一,得 -100 分。这个结果好于让南北打成 2♠ 得 110 分。

东西 7 号牌手运气不佳,叫 3♡ 被北家凶狠地加倍了。这样,南北 8 号牌手得到 +200 分,独享了这个方向的顶分 7MP。我们在第 10 章将会看到,部分定约中拿到 200 分在双人赛里是个极好的分数,这就是人们所说的"魔力 200 分",鼓励牌手们在有局时敢于冒些风险做惩罚性加倍。

最后,南北 5 号选手叫得太高,打上了 3♠(也许是在西家叫 3♡ 之后……我们永远不会知道具体的叫牌进程!),结果只得到 2MP。

总墩数定律

当双方的牌力都不够进局时,有一个指导你如何竞叫的原则,那就是**总墩数定律**:根据联手将牌的长度来决定争叫的阶数。假设你们的黑桃是 5-4 配合,也就是联手有九张将牌,当双方牌力大致相当时,你就应该争叫到需要拿九墩的定约(3♠)。

下面这副牌是应用总墩数定律的典型例子:

西发牌

双方有局

```
                    ♠ 10
                    ♡ K Q 4 2
                    ◇ 9 8 5 2
                    ♣ 10 7 4 2
      ♠ K Q 7 2              ♠ A 9 8 5 4
      ♡ A 9 7      N         ♡ 10 6 5
      ◇ A 10 7 3  W   E      ◇ Q J 6
      ♣ J 6          S       ♣ 8 5
                    ♠ J 6 3
                    ♡ J 8 3
                    ◇ K 4
                    ♣ A K Q 9 3
```

西	北	东	南
1◇	不叫	1♠	2♣
2♠	3♣	3♠	全不叫

55

南北方联手有九张草花,他们正确地竞叫到了需要拿九墩的定约3♣。这个定约即使是在最好的防守下也能打成(东家用♠A超吃同伴首攻的♠K,然后换攻◇Q。这样防家可以在庄家树立好红心之前先拿到两墩方块)。

东西方打支持性加倍,所以东家可以确定同伴有四张黑桃支持。换句话说,只要西家是三张支持,就都加倍,直接加叫则保证有四张支持。虽然东家只有7点,但他知道己方联手有九张黑桃,因此也愿意竞叫到需要拿九墩的定约(3♠)。由于方块K是飞中的,3♠刚好可以打成,但是没有超墩,因为庄家只能拿到三墩方块。

在类似的竞叫选择过程中,联手的将牌张数比联手的牌力还要重要,这可能会让你感到有些奇怪。这时牌力的重要性不及将牌张数,是因为这些大牌在防守中一样可以发挥作用。

与之类似的是,大牌的位置(能否飞中)对竞叫的选择影响不大。假设刚才那副牌里的◇K是在北家,那3♠就会打宕(前提是防家在庄家树立好方块之前先顶掉♡A)。但如果大牌是这样分布的话,那南北方就可以打成4♣定约。

当你确定己方有至少九张配合时,立刻叫到三阶通常都是正确的。这样可以剥夺对手的叫牌空间。

扩展阅读

"支持性加倍"能让同伴知道你对他的高花支持是三张还是四张。例如,叫牌进程为1♣-(不叫)-1♠-(2◇),这时开叫人只要有三张黑桃支持,就都要叫加倍,有四张黑桃支持时则直接加叫。加倍之后,开叫人可以在下一轮时表明自己的总体牌力。

南发牌

双方无局

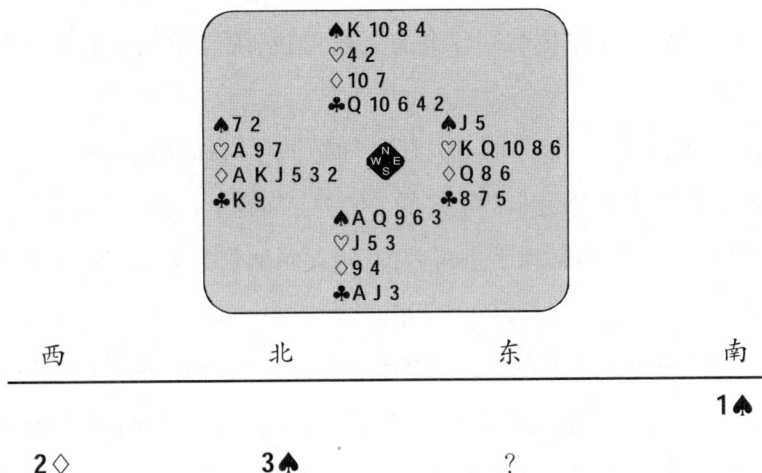

```
              ♠K 10 8 4
              ♡4 2
              ◇10 7
              ♣Q 10 6 4 2
♠7 2                        ♠J 5
♡A 9 7         N            ♡K Q 10 8 6
◇A K J 5 3 2  W   E         ◇Q 8 6
♣K 9             S          ♣8 7 5
              ♠A Q 9 6 3
              ♡J 5 3
              ◇9 4
              ♣A J 3
```

西	北	东	南
			1♠
2◇	3♠		?

东西在红心定约中可以成局,但是在北家直接叫 3♠ 之后,东西方的叫牌就有些困难了。有些东家可能会不叫,或者叫 4◇,另外一些牌手则希望竞叫性加倍能起作用。如果你只叫 2♠,就给对手留出了整整一阶的叫牌空间。在这副牌里,东家就可以叫 3♡。

记住,北家的 3♠ 并不表示好牌。如果是好的加叫,北家应该扣叫 3◇(有些牌手约定用 2NT 表示好的四张加叫,3◇ 表示好的三张加叫)。

扩展阅读

　　最不适合争夺部分定约的局况是双方有局。如果同伴牌力比较弱时,你很可能会打宕定约。宕一会输 100 分,而宕二输的 200 分就超过了对手打成定约所能得到的分数。当同伴牌力不错时,你是能完成定约的,但对手就更可能会打宕,罚分是每墩 100。宕二或者加倍宕一都会让你们拿到 200 分。

总结

* 当双方牌力相当,或者相差无几时,你要准备好按照总墩数定律争叫到相应的阶数。如果你和同伴共有九张黑桃,那就争叫到需要拿九墩的阶数(3♠)。

* 为便于判定你方应该争叫到几阶,知道同伴对你的花色到底是有三张支持还是有四张支持是非常重要的。在这个问题上,支持性加倍是一个很有用的约定叫。第四家牌手争叫后,开叫人叫加倍是表示对应叫人的高花有三张支持。

* 你要尽量避免让对手在找到将牌配合后停在二阶上,这个竞叫的责任往往会落在最后一家,也就是平衡位置的牌手身上。在这种情况下,他可以用比正常情况下更少的点力去争叫或加倍。既然对手停在了二阶,那你就有理由认为同伴肯定会有一些有用的牌张。

小测验

假设你是在打双人赛,以下五副牌你会如何处理:

1.

```
西
♠J 6
♡K 5
◇K 10 8 7 6 2
♣K 9 4
```

西	北	东	南
	1♠	不叫	不叫
?			

双方有局,你拿着西家的牌准备如何行动呢?

2.

```
西
♠K Q 7 5 4
♡K J 7 5 4
◇ —
♣Q 10 9
```

西	北	东	南
			1♡
1♠	1NT	2♠	不叫
不叫	3◇	不叫	不叫
?			

这是欧洲公开赛混合双人决赛里的一副牌。双方无局,你拿着西家的牌时准备如何行动呢?

3.

> 西
> ♠ Q J 6
> ♡ 10 7 4
> ◇ A Q 5
> ♣ J 9 8 3

西	北	东	南
		1♠	2♡
2♠	3♡	不叫	不叫
?			

双方无局,你拿着西家的牌时准备如何行动呢?

4.

> 西
> ♠ K J 7 6
> ♡ 10 7
> ◇ A Q 5
> ♣ 10 9 8 3

西	北	东	南
	1♣	不叫	1♡
不叫	2♡	不叫	不叫
?			

南北有局,你拿西家的牌准备如何行动呢?

5.

西
♠J 9 8 7 4
♡A 5 2
♢A
♣K Q 8 4

西	北	东	南
			不叫
1♠	不叫	2♠	2NT
?			

双方无局,你拿西家的牌准备如何行动呢?

61

答案

1. 凭这点牌力和一个烂方块套,有局方你在第二家时是不会争叫的。但是在平衡位置上,无论是打 MP 制还是 IMP 制比赛,你这手牌都够叫 2◇。你不能让北家打 1♠,因为这个定约通常都能轻松拿到超墩。你方联手有大约一半的大牌点,而且你有一个六张套,因此必须叫牌。

2. 实战中,坐西的牌手争叫了 3♠。你认为这个叫品正确吗?他的牌只有五个输墩,但是仍然应该不叫,原因如下:首先,他只有五张将牌,也就是一阶争叫所需要的最少张数。其次,下家叫过 1NT,表明他至少有一个黑桃止张。第三,西家的红心套被对手叫过了,因此红心分布肯定不利。最后,西家的方块是缺门,说明 3◇ 定约很有可能会宕。实际上,他的同伴持牌如下:

♠863　♡3　◇KQ764　♣J873

北家的 3◇ 只有在高超做庄的情况下才会打成,但东西方抢打 3♠ 的结果是被加倍宕二,−300 分,这是一个接近底分的分数。

3. 你有 10 个大牌点,而同伴做出了开叫,但这些都不足以成为你推进到 3♠ 的理由,因为你们联手只有八张将牌(如果同伴有六张黑桃,他自己可能就会叫 3♠ 了)。你的额外大牌实力在做防守时也一样可以发挥作用。从你的判断来看,3♡ 和 3♠ 很有可能都会宕一。这种事很难猜得准,而且只有喜欢刺激的牌手才会去加倍 3♡。对这种牌来说,拿到正分是最重要的,而加倍对手最多是从 +50 变成 +100,对结果不会有太大影响。

4. 对手找到了红心配合,并停在两阶上。他们联手不太可能有 23 个点,而且牌力有可能会低到 12 点对 6 点。由于你可以确定同伴会有些牌力,所以现在做技术性加倍是完全可行的。你希望同伴能叫出 2♠ 或 3◇。如果他只有三张黑桃和四张方块,他很可能会选择 2♠,让定约保持在二阶水平上。

5. 在 2013 年的波兰双人大奖赛上,西家争叫 3♠。同伴的持牌跟他的预期差不多:

♠ K Q 5　♡ 9 7 6　◇ 10 9 7 4 3　♣ J 7

他的下家恰好持有剩下的五张黑桃,于是他加倍这个定约,并且得到了 +300 的极好分数。西家叫 3♠ 错在哪里呢? 首先,他的将牌没有额外长度,他和同伴联手看起来只有八张将牌;如果东家有四张黑桃支持,他自己会叫出 3♠。其次,西家的防守牌力在对抗低花定约时会很有用。第三,用不寻常 2NT 争叫,已经警示你们要面对牌张的恶劣分布。而 3♣ 和 3◇ 实际上都会宕。

6
选择正确的成局定约

什么时候要选择高花成局定约而不是 3NT？你的选择会根据赛制的不同而变化吗？什么时候要选择低花成局定约而不是 3NT？这就是本章要讨论的问题。

打 3NT，还是打 4-4 配合的高花？

假设你在某一门高花上找到了 4-4 配合，例如黑桃，你会发现打 4♠ 往往会比打 3NT 至少能多拿一墩牌。为什么呢？假设将牌上没有输张，那么打 3NT 时这门花色能拿到四墩，而如果打 4♠ 的话，你就有机会在某一手得到一次将吃机会，这样你就能拿到五墩黑桃，比做 3NT 时多了一墩。来看一个典型的例子：

南发牌

双方有局

```
                  ♠ K J 8 3
                  ♡ K 4
                  ◇ A 6 2
                  ♣ 9 4 3 2
    ♠ 7 6 4                      ♠ 10 5
    ♡ J 9 6 2         N          ♡ Q 8 7 5
    ◇ Q J 10 7      W   E        ◇ 9 8 5 3
    ♣ J 8             S          ♣ K Q 5
                  ♠ A Q 9 2
                  ♡ A 10 3
                  ◇ K 4
                  ♣ A 10 7 6
```

64

西	北	东	南
			1NT
不叫	2♣	不叫	2♠
不叫	4♠	全不叫	

如果你打 **3NT**,防家只要首攻出红花色,就可以把你的赢墩限制在九个顶张赢墩。你无法树立草花,因为防家会快你一步先拿到两墩方块(或红心)和两墩草花。你只能得到**+600** 分。

如果是打 **4♠**,你有两个优势。第一,你能让北家将吃一次红心,从而拿到五墩黑桃;第二,你现在就能有时间来树立起第二个草花赢墩了。你的将牌可以在方块和红心两门花色中提供保护。无论是哪门花色,你都能在防家出第三轮时用某一手的将牌将吃。所以,在现在的牌张分布下,你打黑桃定约就会比打无将定约多拿两墩,拿到**+650** 分。

当你和同伴都是 **4-3-3-3** 牌型时,**3NT** 往往是更好的选择,这是因为你不会有通过将吃而拿到五墩将牌的机会了。下面是一个典型的例子:

南发牌

南北有局

```
              ♠K 7 5
              ♡A Q 9 3
              ◇8 6 4
              ♣K 5 2
♠10 9 4 2               ♠J 8 6
♡7            N         ♡J 10 8 5
◇Q J 7 5 2  W   E       ◇K 3
♣J 8 4          S       ♣Q 10 7 3
              ♠A Q 3
              ♡K 6 4 2
              ◇A 10 9
              ♣A 9 6
```

西	北	东	南
			1NT
不叫	2♣	不叫	2♡
不叫	4♡	全不叫	

打 3NT 定约, 你起手就有九墩牌, 但是也没有办法再多拿墩了, 你方得 +600 分。而打 4♡ 会是什么结果呢? 你两手都没有将吃的机会, 所以也是只能拿到九墩牌, 结果是宕一, -100 分。

如果红心是 3-2 分布, 情况也是一样的。4♡ 能打成, 但是那也只有 +620 分, 还是少于 3NT 超一的 +630 分。所以在双人赛里, 叫 3NT 的牌手就战胜了那些叫 4♡ 的牌手。

我们能从例子中得出什么结论呢? 绝大多数专家都说, 他们在拿着 4-3-3-3 牌型的时候从来不用斯台曼问高花, 你觉得如何? 如果同伴像上例一样也是 4-3-3-3 牌型, 你不叫斯台曼完全没有问题。但如果同伴是更有可能的 4-4-3-2 牌型, 那你就很有机会能利用他的一个双张得到一个将吃赢墩, 这时打高花成局定约就会比 3NT 好。

拿着这样的牌不问高花直接叫到 3NT 会有两个潜在的好处。第一, 叫斯台曼但没有找到配合时, 就会给对手提供有用的信息; 第二, 防家对 3NT 首攻要比对四阶高花首攻更容易损墩。下面让我们深入讨论一下这个 "是否要叫斯台曼" 的问题。

持 4-3-3-3 牌型时是否要叫斯台曼呢?

同伴开叫 15~17 点的 1NT, 你拿着这样的牌:

♠K 9 5　♡Q 10 8 5　♢A 9 4　♣J 4 3

你是应该直接叫 3NT,还是用斯台曼寻求红心 4-4 配合呢?

不同的牌手对于这个问题会有不同的答案，我们还是先假定红心有 4-4 配合,让计算机模拟 5000 副牌,看看结果如何。

红心有 4-4 配合,北家的牌如上

定约	打成概率	平均得墩	MP	IMP(有局)	IMP(无局)
3NT	66.1%	9.0	51.8%	+1.2	+0.9
4♡	55.5%	9.6	48.2%	-1.2	-0.9

正如你所见，在 IMP 制比赛里,3NT 要远远好于 4♡。3NT 的成功率是 **66.1%**,而 4♡ 只有 **55.5%**。打 4♡ 定约平均要比打 3NT 多拿 0.6 墩,但是这并不是说 4♡ 在双人赛里要优于 3NT。如果你打 4♡ 拿了九墩而打 3NT 拿了八墩,那你的结果都是"宕一",得分是一样的。实际上,3NT 在双人赛里也略好于 4♡。3NT 平均能拿到 **51.8%** 的分数,而 4♡ 只有 **48.2%**。所以我们的结论是,拿着类似的牌时不应该叫斯台曼,而要直接叫 3NT。

3NT 比 4♡ 好的情况往往出现在开叫人也是 3-4-3-3 牌型的时候。如果你们的叫牌体系非常复杂,能有办法问出开叫人的具体牌型,那你可以先叫斯台曼。(例如:1NT-2♣-2♡-3♠,你可以把 3♠ 处理成一个多功能叫品。它或者是想要试探红心满贯,或者是 3-4-3-3 牌型,希望找出最好的成局定约。这时候,如果开叫人是 3-4-3-3 牌型,就必须叫 3NT。如果双方的 4-4 配合是黑桃,那 1NT-2♣-2♠-3♡ 就是表示同样的意思。)

让我们看看当你是 3-4-3-3 牌型,而发现同伴不是这样牌型的时候,4♡ 是否要优于 3NT。同伴不是 3-4-3-3 牌型,那就必然有一门花色是双张,这也就给你提供了获得一个到两个将吃赢墩的机会。

红心有 4-4 配,北家的牌如上(南家不是 3-4-3-3)

定约	打成概率	平均得墩	MP	IMP(有局)	IMP(无局)
3NT	66.4%	9.0	47.1%	+0.2	+0.1
4♡	62.8%	9.8	52.9%	-0.2	-0.1

在 IMP 制比赛里,3NT 仍然是最佳定约,但 4♡ 与之差距甚小。3NT 打成的概率略大于 4♡,而在双人赛里,局的成宕之间的分差是极大的,由于平均每副牌能多拿 0.8 墩,4♡ 要稍稍好于 3NT。从长远来看,4♡ 的得分率是 52.9%,优于 3NT 的 47.1%。

特伦斯·里斯说的对吗?

很多专家牌手在拿着 4-3-3-3 牌型时都拒绝使用斯台曼,而特伦斯·里斯则更为激进。在观看由顶级牌手参加的 "星期日泰晤士报" 双人邀请赛的时候,他甚至对那些拿着 4-4-3-2 牌型而使用斯台曼的牌手嗤之以鼻:"你看见了吗?"他在一旁评论到。里斯由于晚年失聪,他说话的声音大得离谱。"荒唐!那人居然叫了斯台曼!"里斯一贯剑走偏锋,那他在这个问题上的见地是胡言乱语还是有合理的成分呢? 让我们来看看。同伴开叫 15~17 的 1NT,你拿着这样的牌:

♠K 9 7 4　♡K J　◇Q 10 7 2　♣J 8 3

你是直接叫到 3NT,还是用斯台曼问叫来寻求黑桃 4-4 配合呢? 你的红心是双张大牌,这就使得通过将吃红心而获得额外赢墩的机会有所降低。两门低花上都有大牌以及整手牌缺 A 的特点也更有利于打无将定约。假定黑桃有 4-4 配合,下面是计算机模拟 5000 副牌的结果:

68

黑桃有 4-4 配合,应叫人持牌如上,应该打 3NT 还是 4♠?

定约	打成概率	平均得墩	MP	IMP(有局)	IMP(无局)
3NT	61.2%	8.8	48.9%	+0.3	+0.2
4♠	55.5%	9.6	51.1%	-0.3	-0.2

嘿,里斯还真不是瞎说的! 3NT 打成的机会更大,在 IMP 制比赛里也要优于 4♠。在双人赛里,4♠ 略好于 3NT。在计算机模拟的所有牌中,出现概率最高的结果是 420 对 400,或者 450 对 430(或者有局时的相应分数),都是打 4♠ 要比打 3NT 多得 20 分。这些牌占总副数的 21%。现在再来看看另一手应叫人的牌:

♠Q 6 5   ♡10 8 6 3   ◇A Q   ♣K 8 7 3

红心有 4-4 配合,应叫人持牌如上

定约	打成概率	平均得墩	MP	IMP(有局)	IMP(无局)
3NT	76.4%	9.3	46.5%	+0.4	+0.3
4♡	70.6%	10.0	53.5%	-0.4	-0.3

和上一手牌一样,3NT 打成的机会更大,在 IMP 制比赛里同样也优于 4♡。不过在双人赛里,你还是要选择 4♡。在计算机模拟的所有牌中,有 33% 的牌打 4♡ 要比打 3NT 多得 20 分(例如 620 对 600),23% 的牌打 3NT 要比打 4♡ 多得 10 分(例如 630 对 620)。

高花有 5-3 配合时,是打 3NT 还是打四阶高花?

发现高花 5-3 配合以后,你该选择哪个成局定约呢?无将定约的第一墩能多拿 10 分,但是高花成局定约仍然有之前说过的两个优势:你可以用短将牌的那手牌来获得将吃赢墩;你还可以用将牌阻止防家兑现边花赢墩。一副牌确实说明不了什么问题,不过我们还是先来看看下面这副牌:

南发牌

双方无局

```
                        ♠ 8 3
                        ♡ A J 10 3 2
                        ◇ J 8 7
                        ♣ A 8 5
        ♠ Q J 5 2                       ♠ K 9 7 6
        ♡ 9 5          N               ♡ 8 7 4
        ◇ 9 5 2      W   E             ◇ A 6 4
        ♣ Q 9 6 2      S               ♣ K 10 7
                        ♠ A 10 4
                        ♡ K Q 6
                        ◇ K Q 10 3
                        ♣ J 4 3
```

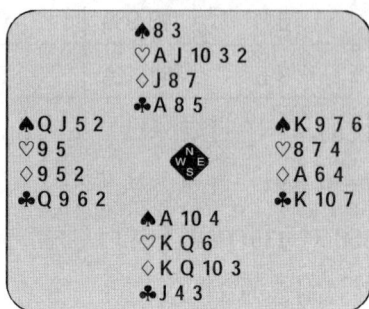

西	北	东	南
			1NT
不叫	**2◇**	不叫	**2♡**
不叫	**3NT**	全不叫	

由于整手牌没有将吃潜力,开叫人虽然有三张红心支持,也还是决定打 3NT。西家首攻♠2,庄家可以数出七个赢墩。他用♠A 吃住♠K。由于西家的♠2 是长四首攻,庄家可以读出西家的黑桃是四张,于是他选择做方块的打法。防家◇A 吃进后再拿了三墩黑桃。3NT 只是刚好打成,南北方得+400 分。

假设在另外一桌,南家决定改叫 4♡,那无论西家首攻哪门黑花色,庄家都可以清光将牌后树立方块套,然后垫掉北家的一个输张。这样他能拿到五墩红心、三墩方块和两个黑花色的 A,得+420 分,超过了打 3NT 的那个庄家。为什么他的结果会更好呢?因为明手的将牌防止了他输掉三墩黑桃。

当然,我们也可以变换一些牌张的位置,找出一副 3NT 得分会更高的牌。不过我们也知道一副牌并不能说明什么问题。能说明打 3NT 好还是修正到 4♡ 好的方法只有一个,那就是让计算机去模拟。

红心有 5-3 配合，应叫人持牌如上

定约	打成概率	平均得墩	MP	IMP(有局)	IMP(无局)
3NT	70.4%	9.3	55.4%	-0.44	-0.40
4♡	72.0	10.0	44.6%	+0.44	+0.40

这个结果乍看起来可能有些难以理解。在双人赛里，3NT 的得分率是 55.4%，大大好于 4♡ 的 44.6%。问题是，4♡ 比 3NT 得墩更多（10.0 对 9.3），打成的机会也略大（72.0%对 70.5%）。这是怎么一回事呢？

对此的解释是：当两个定约都拿到 10 墩牌的时候，3NT 超一得 630 分，4♡ 打成得 620 分（或无局时的 430 对 420），3NT 拿到了所有的比赛分。但在 IMP 制比赛里，10 分的分差连 1IMP 都不够，所以在 IMP 制比赛里 4♡ 要远远好于 3NT。

打 3NT 还是打五阶低花定约？

在 IMP 制比赛里，你要在成局定约中选择打成机会最大的那个，而不用考虑得分多少的问题。但即便如此，3NT 在很多时候仍然要优于五阶低花定约。理由很明显：3NT 只需要拿到九墩，而五阶低花定约则需要拿到十一墩。我们来看看下面这副牌，要把这种理念牢记于心：

南发牌

双方有局

```
                    ♠10 4 2
                    ♡K J 7 3
                    ◇A 10 8 6
                    ♣Q 8
        ♠Q J 5 3          ♠K 9 7 6
        ♡9 5 2      N     ♡Q 10 8 4
        ◇9 5      W   E   ◇2
        ♣A 9 6 2    S     ♣K 10 7 5
                    ♠A 8
                    ♡A 6
                    ◇K Q J 7 4 3
                    ♣J 4 3
```

西	北	东	南
			1◇
不叫	1♡	不叫	3◇
不叫	4◇	不叫	4♡
不叫	5◇	全不叫	

北家加叫方块看似理所应当，但他是均型牌，而同伴的牌力很可能低至 **16** 点。即使北家在两门黑花色上都没有真正的挡张，**3NT** 仍然是成功机会最大的定约，在 **IMP** 制和 **MP** 制比赛里均是如此。

你已经看到了，**3NT** 有九个顶张赢墩，可以轻松打成。如果是打 **5◇**，你可以将吃草花拿到第十墩，但是要想拿到第十一墩，还需要飞中♡**Q**，垫掉黑桃输张才行。但即使飞中了红心打成 **5◇**，也只能拿到**+400** 分。如果是双人赛，由北家主打 **3NT**，那防家很有可能会首攻草花并继续出草花，从而让庄家拿到一个超墩，得**+430** 分。

上面这副牌的叫牌进程还有其他问题吗？尤其是在双人赛里？有的，这副牌南家很适合开叫 **1NT**，而不是 **1◇**。这样叫牌进程就会是 **1NT-2♣-2◇-3NT**，轻松叫到最佳定约。

要知道，打 **3NT** 拿到十墩的得分要比打五阶低花定约拿到十二墩还要多，这意味着你在选择无将定约时是可以承受些许风险的。

假设同伴开叫 **15~17** 点的 **1NT**，你拿着下面这手牌：

♠9　♡Q 5　◇K 10 9 8 6 5 3　♣A 9 3

从你的牌来看，这牌至少要叫到局，但是打什么定约最好呢？**3NT** 还是 **5◇**，甚至是有可能的 **6◇**？你现在马上就能做出判断吗？

我们先来比较一下两个成局定约，还是用计算机来模拟 **5000** 副牌：

同伴开叫 1NT，你有一个七张方块套，打 3NT 还是打 5♦？

定约	打成概率	平均得墩	MP	IMP(有局)	IMP(无局)
3NT	70.8%	9.8	71.4%	-0.2	+0.1
5♦	78.6%	11.2	28.6%	+0.2	-0.1

看看 MP 的得分率差了多少！如果赛场中的每一桌不是打 3NT 就是打 5♦，那么打 3NT 的牌手平均会得到 71.4% 的分数，而打 5♦ 的牌手只能拿到 28.6% 的分数。

如果是 IMP 制比赛，两个定约的结果就接近多了，因为当 5♦ 能打成而 3NT 打不成时，叫 5♦ 的牌手就会拿到一个巨大的分数。你方有局时，5♦ 是最佳定约，平均每副牌要比 3NT 多得 0.2IMP。你方无局时，3NT 则会稍好一点，这是因为无局方时成局得分要比有局方时低，超墩带来的一两个 IMP 的重要性就要高于有局方时。（最常见的三种情况是 +460 比 +400，+490 比 +420，以及 +430 比 +400）。

下一个问题出现了。既然叫 5♦ 只能拿到少得可怜的 28.6% 比赛分，那如果真的叫到了 5♦，要不要一不做二不休，干脆叫上 6♦ 呢？反正叫 5♦ 已经输给了那些叫 3NT 的牌手。

叫牌越过 3NT 后，叫 6♦ 的结果

定约	打成概率	平均得墩	MP	IMP(有局)	IMP(无局)
3NT	70.8%	9.8	54.4%	-0.2	+0.1
6♦	31.4%	11.2	45.6%	-1.4	-1.6

结果很有趣，虽然 6♦ 打成的概率只有 31.4%（5♦ 则高达 78.6%），但是在双人赛里，6♦ 却是仅次于 3NT 的定约！如果满贯打成，你可以拿到顶分。平均下来的得分率是 45.6%，比 5♦ 的 28.6% 要好得多。（当然，在 IMP 制比赛里，你还是要停在 5♦ 上。）

记住,上述模拟结果是以上面那副北家的持牌为先决条件的,如果把北家的牌做些改动,那结果也会随之上下变化。但是,这种情况下总的叫牌原则是清楚的:在 3NT 和 5◇ 之间,优先考虑 3NT,冒一些风险也值得。一旦叫牌越过了 3NT 并且达到了 5◇,那在双人赛里,你可以考虑叫上 6◇ 来"亡羊补牢"。

那么,在什么情况下打五阶低花定约是正确的呢?有一种情况是,叫牌已经明确表示你方在某门花色上没有挡张。下面这副牌,南北方因为使用了斯普林特而避开了 3NT 定约:

南发牌

双方有局

```
                   ♠2
                   ♡K 7 6
                   ◇A 10 8 7 5 2
                   ♣A 6 2
   ♠K Q 10 5               ♠A 9 8 4 3
   ♡Q 9 8 5        N       ♡J 10 4 3
   ◇Q 9 6       W     E    ◇K 3
   ♣9 5            S       ♣J 8
                   ♠J 7 6
                   ♡A 2
                   ◇J 4
                   ♣K Q 10 7 4 3
```

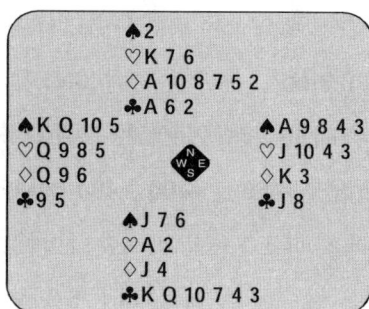

西	北	东	南
			1♣
不叫	1◇	不叫	2♣
不叫	3♠	不叫	5♣
全不叫			

南家再叫 2♣ 表示有六张,因为他没有叫高花,也没有支持方块或是再叫 1NT。北家叫 3♠ 是斯普林特,同意以草花为将牌,并且表示黑桃为单缺。南家现在明白了两件事情,一是己方没有黑桃止张,二是如果打草花定约的话,明手有望将吃掉自己手里的两个黑桃输张。

这样的话南家无论如何都不会考虑 3NT 了,而是直接叫到 5♣。西家最好的防守是首攻将牌,黑桃吃进后继续出将牌,但是南家仍然可以通过树立方块套来完成定约。

总结

* 当你是 4-3-3-3 牌型,高花有四张,并且有成局牌力时,应该直接叫 3NT,而不是叫斯台曼。

* 当你是 4-4-3-2 牌型,并且有成局牌力,至少有一门高花为四张,而双张较强、四张高花较弱时,那么在 IMP 制比赛里就应倾向于打 3NT。如果是双人赛,则应寻找 4-4 高花配合。

* 当同伴先转移到高花,再叫 3NT,而且你是有三张高花支持的 4-3-3-3 牌型,那么在双人赛时就应首选打 3NT,而在 IMP 制比赛时则首选打四阶高花。

* 当同伴开叫 1NT,而你拿着一个七张低花套时,在双人赛里,越过 3NT 去打低花定约在大多数情况下都是错误的。如果是 IMP 制比赛,两个定约的得分率差不多,你应该选择成功机会更高的那个定约。

* 在双人赛里,如果你已经叫到了 5♣ 或 5◇,并且你估计其他桌可能大多数会打 3NT 时,那你应该考虑继续叫上小满贯,哪怕打成的机会并不是很大。

小测验

假设以下都是双人赛时的场景。

1. 拿着下面三手牌时,你作为西家准备怎么叫呢?

西	北	东	南
1NT	不叫	2◇	不叫
2♡	不叫	3NT	全不叫
?			

(a)
♠Q 10 3
♡K J 4
◇A Q 10 2
♣K 8 7

(b)
♠A K 7 2
♡J 8 6
◇A 5
♣Q J 7 2

(c)
♠K 3
♡A 9 2
◇Q 10 6 4
♣A K J 2

2. 同伴开叫 1NT,你拿着下面三手牌时准备怎么叫呢?

(a)
♠A 9 4
♡10 8 6 2
◇Q J 4
♣K 7 2

(b)
♠10 3
♡K Q 10 7 3
◇K 4
♣Q 10 7 2

(c)
♠A Q
♡J 7 4 2
◇K Q 8 3
♣Q 5 3

3. 拿着西家的牌,你准备如何再叫呢?

西
♠6
♡A K 8 7 2
◇A 10 2
♣A K 10 5

西	东
1♡	1NT
2♣	2◇
?	

4. 拿着西家的牌,你准备如何再叫?

西		东
♠K 7 2		1♢
♡A K 10 5		
♢Q 9 6	1♡	2♢
♣10 8 7		
	?	

答案

1. 牌(a)，你有很好的理由期望 3NT 比 4♡ 要好。你的 4-3-3-3 牌型没有任何将吃价值，拿不到额外的赢墩。应该不叫。

   牌(b)，4♡ 看起来会更好一些。你的红心比较弱，如果是打无将定约，你在树立红心时可能要丢掉一墩或者更多墩。你在方块套上有将吃潜力，可能会多拿一墩。因此，应该选择红心定约。

   牌(c)，你的牌非常适合打红心定约！你对同伴的高花只有三张支持，因此不适合做超转移。但是在叫牌进行到 3NT 的时候，你就完全有理由显示配合了。这手牌对于红心定约来说几乎是最好的，还有将吃潜力。因此，你应该扣叫 4♣，看看同伴是否有满贯兴趣。

2. 牌(a)，应该加叫 3NT。你的红心比较弱，如果找到红心 4-4 配合并且打 4♡ 的话，你可能会因为丢失太多将牌而打宕，然后发现 3NT 是铁牌。你的牌没有将吃价值，而且在边花上都有挡张，毫无疑问要叫 3NT！

   牌(b)，先叫 2◇，寻找红心配合。如果同伴按照约定再叫 2♡ 之后，你该怎么叫呢？你应该叫 3NT，而不是 3♣。只有在你认为打低花定约是另一种选择时，才需要把这个低花叫出来。在双人赛里，这意味着你预见到联手有打成低花满贯的可能。但你现在是 2-5-2-4 的均型牌(有些 3-5-1-4 的低限牌也应如此处理)，而且没有满贯兴趣，所以可选择的定约只有 4♡ 和 3NT。再叫 3NT 表达的就是这个意思。

   牌(c)，你有一个四张高花，而且不是 4-3-3-3 牌型，但在双人赛里，你还是应该直接叫 3NT。怎么看出 3NT 是最佳定约的呢？双张黑桃大牌(♠AQ)是一个明显的迹象，如果要打红心定约的话，这门花色可能无法带来将吃赢墩。你的红心套质量较差，而且点力很分散，这都是适合打无将的特征。

3. 同伴的 2◇ 是止叫,你的方块配合很好,而且必须寻求最佳的成局定约。最能准确描述这两个特征的叫品是 3♠,表示黑桃单缺。如果同伴叫 3NT,你就不叫。否则,就准备打 5◇ 吧。

4. 3NT 的打成机会有多大? 计算机模拟的结果是 53%(比我预想的要低)。如果无将是你唯一的目标,那么现在就应该只叫 2NT。如果同伴接受邀叫,那么 3NT 打成的机会就会比 53% 高很多,而如果他拒绝邀叫,那 3NT 就不值得叫。

　　5◇ 怎么样呢? 这个定约的成功机会只有 35%,不值得你做为一个选项来探究。

7
不让对手打 1NT

在双人赛里，打 **1NT** 的庄家往往能得到一个好分数，这是事实。假设他最后宕一，吃到 **50** 或 **100** 的罚分(依局况而定)，那对手就很可能有某个花色的好定约，他们本可得到 **110** 分或 **140** 分。当你方无局时，**1NT** 即使宕二也仍然可能拿到平均分以上的分数。对手一般很难加倍到你们的 **1NT**，尤其是在他们两人的牌力分布比较平均的时候。

这个发现可不是毫无意义的。当对手开叫 **1NT** 之后，你应该意识到自己不愿意让他就打这个定约，因为这样很可能让他从你身上拿到一个不错的分数。你应该有强烈的叫牌愿望，即使有些风险也值得。请记住，在双人赛里，吃到可怕的**-800** 分其实并没有什么大不了的，不过只是坏了一副牌而已。如果你在对手开叫 **1NT** 后稍微进取地进行争叫，那么一个坏分很可能会换来三个到四个好分，弥补**-800** 带来的损失绰绰有余。

你们可能有自己喜欢的对付 **1NT** 的争叫约定。不管你们是怎么约定的，坚持用就好！如果没有的话，你们可以考虑使用针对 **1NT** 开叫的卡佩莱蒂(**Cappelletti**)防守约定叫。现在我们就来看看这个约定叫。

卡佩莱蒂防守约定叫

当对手开叫 1NT 之后,无论是强无将还是弱无将,你方(第二家和第四家都适用)可以用以下方法介入叫牌:

2♣: 有一个单套(通常同伴会假设你有六张)

2♢: 双高花(至少 5-4 或 4-5)

2♡: 红心带某套低花(至少 5-4 或 4-5)

2♠: 黑桃带某套低花(至少 5-4 或 4-5)

2NT: 双低花(至少 5-5)

加倍:惩罚

如果你有 15 点以上,那么大多数情况下都应该从加倍起步,因此,直接在二阶争叫通常表示弱牌(大约是 9~14 点)。

当你方无局时,你可以冒险用很弱的牌争叫。请记住,如果你放任对手打 1NT,那么结果很有可能对你不利。假设叫牌是这样的:

西	北	东	南
			1NT
?			

你坐西,持下列各手牌:

(1)
♠K 5
♡Q J 8 7 4 2
♢10 8 4
♣Q 5

(2)
♠Q 10 8 7
♡7 5
♢A 3
♣K 7 5 4 2

(3)
♠9 4
♡7
♢A J 9 8 2
♣K Q 7 6 2

(4)
♠K 10 7 4 3
♡A J 8 7 2
♢10 6
♣8

这几手牌都没有什么特别之处,但是你应该乐于在持以上任何一手牌时都加入叫牌。牌(1),叫 2♣ 表示有一个单套。牌(2),叫 2♠ 表示黑桃带一个低花套。

牌(3),叫 2NT 表示双低花。牌(4),是典型的叫 2◇ 的牌,表示双高花。

你可能会有疑问:难道不需要考虑局况吗?

当然需要考虑,但在双人赛里,局况不像在 IMP 制比赛里那么重要。对手不容易惩罚到你,就算偶尔惩罚到了,并且宕了好几墩,你的损失也只是一个坏分而已。所以,在有局时你确实要谨慎一些,但也不要让局况吓破胆了。

下面一副牌是卡佩莱蒂防守约定叫在双人赛里的典型应用:

南发牌

双方无局

```
                    ♠K 9 8
                    ♡6 5
                    ◇Q 10 3 2
                    ♣9 5 3 2
    ♠Q 10                          ♠J 7 6 5 4
    ♡K 10 8 7 4 2      N           ♡J 3
    ◇9 4            W     E        ◇A 8 7 5
    ♣K 7 4             S           ♣A 8
                    ♠A 3 2
                    ♡A Q 9
                    ◇K J 6
                    ♣Q J 10 6
```

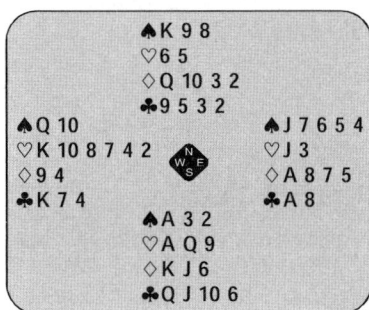

西	北	东	南
			1NT
2♣	不叫	2◇	不叫
2♡	全不叫		

西家表示自己有一个单套,东家应叫 2◇,这是要求同伴叫出自己的花色,于是西再叫 2♡。在目前的牌张分布下,2♡ 是打不宕的,东西可得+110 分。如果西家不敢叫牌,最后让南家打 1NT,这个定约在红心首攻下可以轻松打成。庄家能得到两墩红心、三墩方块和♠AK。东西方可能会吃到-90 分。

当然,这只是一种可能的牌张分布,并不能证明什么。问题的关键是:东西方打 2♡,在多种情况下都能得到好分,例如 2♡ 宕一,而其他桌南北方 1NT 打成,

或其他桌的 **1NT** 打宕一到两墩,而 **2♡** 打成。所以你持西家的牌参与叫牌,从概率上说是对自己有利的。

对同伴的卡佩莱蒂争叫该如何应叫呢?原则上,在对手使用强无将的情况下,你应该找到一个可打的花色,然后停在最低的阶数上。除非将牌配合特别好,否则不要去尝试进局。

当同伴叫 **2♣** 表示有一个单套时,你可以叫 **2♢** 来问叫,或者叫 **2♡/2♠** 表示自己有一个不错的高花套。争叫人一定要记住,如果他的长套是草花,那他通常需要打 **3♣** 而不是 **2♣**。

假设同伴争叫 **2♢**,表示双高花:

西	北	东	南
	1NT	2♢	不叫
?			

双人赛,你坐西,拿着以下各手牌:

(1)	(2)	(3)	(4)
♠K 5	♠Q 10 8	♠K 10 9 4 3	♠9 2
♡7 4	♡9 6	♡A 8	♡7
♢J 9 8 3 2	♢A 9 8 3	♢3	♢A Q 9 8 6 4
♣Q 9 6 3	♣K Q 5 4	♣Q 9 8 6 4	♣J 10 6 5

牌(1),应叫 **2♡** 而不是 **2♠**。请记住,同伴有可能是四张黑桃、五张红心。在你估计定约会宕,并且担心加倍时,叫牌一定要越低越好。如果你叫 **2♡** 被加倍,那可以考虑逃叫到 **2♠**。

牌(2),只叫 **2♠**。没错,同伴的牌力范围大约是 **9~14** 点,但在北家开叫了强无将以后,同伴有多大可能会拿着 **14** 个大牌点呢?下表就是东家大牌点的概率统计情况:

大牌点	9	10	11	12	13	14
概率	36.6%	28.0%	18.5%	10.7%	5.2%	1.0%

如果同伴的叫品表示有 9~14 点,并且高花为 5-4 或 4-5(上表的概率就是以此为前提计算的),那么他的平均牌力就只有 10.2 点。即使你的同伴在拿着一些 9 点或 10 点的牌时不会叫牌,从概率上说,他具有和你联手成局牌力的可能性依然是微乎其微的。此外,当你拿着三张黑桃和两张红心时,同伴有五张黑桃的可能性只有 52%(而有五张红心的可能性是 63%)。

牌(3),你的黑桃配合很好,红心 A×也可谓价值连城,所以可直接跳叫 4♠。

牌(4),你并不想打高花定约,所以应该在 2◇后不叫,让同伴去打这个明手有六张将牌的定约!

当同伴叫出 2♡或 2♠表示有所叫高花和某一门低花套时,你最常见的应叫就是不叫。即使你对同伴的高花只有两张支持,恐怕最好也还是停在二阶水平上。如果你有意打低花定约,那可以叫 2NT,让同伴叫出自己的低花套。

假设叫牌进程是这样的:

西	北	东	南
	1NT	2♠	不叫
?			

双人赛,你坐西,拿着以下各手牌:

(1)
♠A 5
♡K 10 4
◇J 9 8 5
♣10 7 6 3

(2)
♠Q 8
♡A 9 7 2
◇Q 10 5
♣J 8 7 3

(3)
♠J 3
♡Q 10 7 5 3
◇10 3
♣K Q 9 4

(4)
♠J 9 2
♡K 2
◇A J 6 2
♣J 10 6 5

牌(1),你确定你方在某一门低花上会有八张以上配合,那你是叫 2NT,还是不叫呢？同伴有五张黑桃的可能性是 **66%**，但即便如此，低花有好配合时也同样很好打。在 **34%** 的情况下同伴会只有四张黑桃，那打三阶低花就会好得多。所以，你应该叫 **2NT** 询问低花。

牌(2)，你方在低花上未必有八张配合，而且同伴的低花(无论是四张还是五张)是方块的概率(**62%**)要远高于是草花的概率(**38%**)。这是因为你的草花比方块多一张。但即便如此，从长远来看，打同伴的低花还是要比打 **2♠** 好，所以你同样要叫 **2NT** 询问低花。只有在同伴是五张黑桃和四张方块时，打 **2♠** 才是好的选择。与之相比，只要同伴是四张黑桃，那无论他的低花是什么，打 **2♠** 都会得到一个很差的比赛分。

牌(3)，同伴的低花有 **72%** 的概率是方块，而他有五张黑桃的概率是 **62%**。因此最好的选择是让他打 **2♠**。

牌(4)，如果同伴的黑桃是五张(概率为 **63%**)，那 **2♠** 就是最佳定约。即使黑桃只有 4-3 配合，这个定约也可有一打。

对卡佩莱蒂约定叫的干扰

在你使用卡佩莱蒂约定叫时，对手有时会加入叫牌。这种情况在你方叫 **2♣** 表示单套牌后最为常见。

西	北	东	南
	1NT	2♣	2◇
?			

南家的 **2◇** 是自然叫。作为西家，你可以加倍，要求同伴叫出自己的长套，或者叫 **2♡** 或 **2♠**，表示自己有一个好套。

西	北	东	南
	1NT	2♡	2♠
?			

85

同伴有红心套和一套低花。在这里你可以叫 2NT，要求同伴叫他的低花。加倍则是惩罚性的。

局况有何影响?

对手开叫 1NT 之后，当局况是双方无局，并且你是在最后一家位置上，这是最适合做争叫的情况。如果你不叫，你们会拿到很差的宕分+50 或+100，而不是自己主打可拿到的好分+110 以上。如果你竞叫并获得了主打权，那么即使你吃到-50 或-100，这也比让对手拿到+90、+110 或+120 更为划算。

最不适合争叫的局况就是对手是有局方。如果同伴有一手好牌，那你们争叫后也许可以得到+110 或+140 分，但却发现己方原本可以防守对手的 1NT 而拿到+200 分。而在你们单方有局时，定约即使只宕一，得-100 分，这也不如让对手打成 1NT 得+90 分更为划算，而如果你们的定约宕二得-200 分的话，那你们就基本上肯定是个底分了。

总而言之，不让对手舒服地打 1NT 是个非常有价值的想法，但在局况不利时必须多加小心。

总结

* 对 1NT 的防守争叫种类很多,但并没有太大的差别。选择一种能让你尽可能多参与叫牌的体系就可以。在双人赛里,让对手打 1NT 往往会让你们得到很差的分数。

* 卡佩莱蒂是一种有效地对抗 1NT 的约定叫。2♣ 表示有一个单套,2♢ 表示双高花。2♡ 和 2♠ 则表示有所叫高花和某一门低花套。2NT 表示双低花。加倍是惩罚性的。

* 卡佩莱蒂体系中的所有非加倍叫品都是大约 9~14 点。

* 你的主要目标是不让对手打 1NT。因此,同伴使用卡佩莱蒂后,除非将牌极配,你都不应该试探进局。假设你手里有 11 个大牌点,那么同伴只有 9 个或 10 个大牌点的可能性要远远大于他有 13 个或 14 个大牌点。

小测验

假设以下都是双人赛时的场景。

1. 你使用卡佩莱蒂约定叫。双方无局,北家开叫 1NT,后面两家都不叫。你坐西,准备如何叫牌呢?

(a)	(b)	(c)	(d)
♠K 10 8 7 ♡9 7 3 ◇J ♣A Q 10 7 3	♠Q 8 7 2 ♡A J 10 7 4 3 ◇8 ♣Q 7	♠9 3 ♡A 10 2 ◇K Q 10 7 6 2 ♣A K	♠Q 10 3 ♡— ◇Q J 8 7 5 ♣K J 9 4 2

2. 你使用卡佩莱蒂约定叫。你们单方有局,南家开叫 1NT,你坐西,拿着下列各手牌时,你准备如何叫牌呢?

(a)	(b)	(c)	(d)
♠Q J ♡10 9 7 6 3 2 ◇K 4 ♣K 8 3	♠K 5 4 2 ♡J 4 ◇Q 10 7 6 2 ♣K 7	♠K Q 8 7 3 ♡Q J 7 6 2 ◇9 ♣10 3	♠A 3 ♡4 ◇A Q J 8 7 ♣K J 9 4 2

3. 你打卡佩莱蒂约定叫。你们单方有局。北家开叫 1NT,你的同伴争叫 2◇ 表示双高花,你坐西,拿着下列各手牌时,你准备如何叫牌呢?

(a)	(b)	(c)	(d)
♠K 10 4 ♡J 7 3 ◇A 10 7 3 ♣Q 7 6	♠8 ♡Q 4 ◇K 10 7 6 ♣J 9 7 6 4 2	♠A J 9 4 ♡Q 2 ◇A 10 5 3 ♣9 7 3	♠A 10 3 ♡A Q 8 7 2 ◇5 ♣10 9 8 5

4. 你打卡佩莱蒂约定叫。双方有局,北家开叫 1NT,你的同伴争叫 2♡ 表示红心和某一门低花套,你坐西,拿着下列各手牌时,你准备如何叫牌呢?

(a)	(b)	(c)	(d)
♠8 4 3 ♡A 7 4 ◇Q 6 ♣K J 7 6 2	♠K J 9 6 5 4 ♡7 ◇A 9 3 ♣J 6 5	♠A Q 9 4 ♡J 2 ◇K J 5 4 3 ♣9 7	♠J 7 3 ♡7 2 ◇K Q 7 6 ♣A Q 8 5

答案

1. 牌(a)，你乐于争叫 2♠，表示黑桃和某一门低花套 4-5 或 5-4。

   牌(b)，有些牌手会考虑叫 2◇ 表示双高花，但是其中一个是六张好套，另外一个是质量一般的四张套。这时候你选择自己的一门高花即可。先叫 2♣，然后再叫红心表示单套。

   牌(c)，这是一手方块单套的牌，但牌力太强了，超过了卡佩莱蒂的牌力范围，因此你应该先从加倍起步。

   牌(d)，没有人叫红心，这有点出乎意料，但是你知道让对手打 1NT 会有什么结果。同伴可能会首攻红心，然后惊讶地发现你垫牌了。为了避免这种情况发生，你可以叫 2NT，表示两门低花都至少有五张。

2. 牌(a)，很多时候你都可以用弱套争叫，但这次不行。你是第二家，而且局况不利，还是不叫为宜。

   牌(b)，对于卡佩莱蒂约定叫来说，这是最差的牌。在你是第二家并且局况不利的情况下，最好还是不叫，否则可能会吃到不小的罚分，甚至被加倍。如果你的高花是五张(5-5 更好)，那么可以勇敢一点，参与叫牌。

   牌(c)，争叫 2◇。虽然只有 8 点，但是有 5-5 两套高花，而且牌力都在长套上。

   牌(d)，你有 15 个点，但如果你是从加倍起步，那后面两家牌手几乎必然会叫出高花。所以还是从 2NT 起步比较好，这样你可以打上低花定约，而且当下家是长套高花弱牌的时候，他就很难叫出来了。

3. 牌(a)，不要想进局。你的大牌点越多，你的同伴就越有可能是争叫的低限。叫 2♡(如果同伴是低限，那么他是 4-5 的可能性要大于 5-4，因为他已预料到你在高花等长时会叫 2♡)。

   牌(b)，叫 2♡，表示你愿意打红心。

牌(c),你的黑桃配合极好,♡Q也很有可能有用,叫3♠邀叫。

牌(d),两门高花都极配,直接叫4♡。

4. 牌(a),不叫。你没有进局试探的牌力。

牌(b),你只能叫2♠,表示这可能是你们的最佳定约。你们的低花不一定有5-3配合,所以还是低一阶打2♠为好。

牌(c),不要叫2NT。请记住,同伴并不一定有开叫牌力。实际上,他没有开叫牌力的概率要更大一些。所以你应该不叫。

牌(d),叫2NT询问同伴的低花,然后不叫。在对手已经开叫强无将的情况下,你方要想打成低花成局定约是很困难的。

8
示攻性叫牌和加倍

在 IMP 制比赛里,首攻可能会决定着一副牌能否打成。而在双人赛里,首攻的重要性甚至比在 IMP 制比赛里还要高,因为即使对手的定约肯定能打成,你也要尽量避免让庄家拿到超墩。在第一章里,我们讨论了如何用争叫、甚至是有些冒险的争叫来给同伴指示一个好的首攻。在本章里,我们要讨论指示首攻的其他叫牌手段。

满贯进程中的示攻性加倍

当对手在漫长的叫牌过程中进行满贯试探时,你千万别像没事人一样东张西望。你有可能会在叫牌进程中找到机会,用加倍对手的某个约定叫来帮助同伴找到好的首攻。

西	北	东	南
			1♠
不叫	3♠	不叫	4NT
不叫	5◇	加倍	

```
东
♠8
♡10 8 6 5
◇K Q 10 5
♣J 9 5 3
```

北家的 5◇ 是对黑木问叫的答叫。东家加倍,建议同伴首攻方块。

下一个例子里,防家加倍的是对手的扣叫。

西	北	东	南
	1◇	不叫	1♠
不叫	3♠	不叫	4♣
不叫	4♡	加倍	

```
东
♠9 2
♡K 10 8 5
◇A 8 2
♣8 6 4 2
```

对手已经确定黑桃为将牌,因此 4♣ 和 4♡ 都是扣叫,表示在所叫花色上有 A 或 K。扣叫的目的是核查联手在边花上是否都有控制。你坐东家,能够根据北家的扣叫推断出他有♡A。如果同伴能够首攻红心,就有可能让你们在◇A 被顶掉之前建立起♡K 这个赢墩。所以,你要加倍 4♡,建议同伴首攻红心。

如果同伴没加倍

在对手进行扣叫或者使用黑木问叫时,你的同伴有机会做出示攻性加倍,但他却没有这样做,这同样也会给你的首攻提供参考信息。

(a)西	北	东	南
	1♣	不叫	1♠
不叫	3♠	不叫	4NT
不叫	5♡	不叫	6♠
全不叫			

(b) 西	北	东	南
			1♡
不叫	1♠	不叫	4♡
不叫	5♣	不叫	6♡
全不叫			

在叫牌进程(a)中,东家有机会加倍5♡,但最后选择了不叫。这通常是因为他对首攻没有特别的建议。但是,你知道了他在红心上没什么特别好的东西,那他在方块上就可能会有!假设你自己在两门红花色中并没有特别理由要攻哪一门,那就应该选择首攻方块。

叫牌进程(b)与此类似。东家有机会加倍对手的5♣控制扣叫,如果他有♣K的话,这个加倍很可能会奏效。现在他既然没有加倍,那么坐在西家的你要首攻方块而不是草花,就会更有可能找到同伴的大牌赢墩。

对自由叫到的满贯定约的莱特纳加倍

莱特纳加倍的名字来源于他的发明者,伟大的美国牌手西奥多·莱特纳。他首先提出了一个概念,即对自由叫到的满贯定约的加倍应该是示攻性的。那"自由叫到的"是什么意思呢?这个概念排除了那些在双方高阶竞叫中所叫到的满贯,因为这样的满贯有可能是牺牲叫。

莱特纳加倍要求同伴做出"不寻常的"首攻,通常是加倍人有一个花色为缺门。如果你或同伴曾经在叫牌的早期叫过某个花色,那么莱特纳加倍就排除了要求首攻这门花色的可能性。

我们来看一副莱特纳加倍的成功范例:

东发牌

南北有局

```
              ♠A Q 8 5
              ♡A K 8 6 5
              ◇6
              ♣A K 8
♠9 3                      ♠7 6
♡Q 10 9 7 2    N          ♡—
◇9           W   E        ◇A J 10 8 7 5 3
♣Q 9 5 4 3     S          ♣J 10 7 6
              ♠K J 10 4 2
              ♡J 4 3
              ◇K Q 4 2
              ♣2
```

西	北	东	南
		3◇	不叫
不叫	加倍	不叫	4♠
不叫	4NT	不叫	5◇
不叫	6♠	加倍	全不叫

北家叫 6♠ 后，东家做莱特纳加倍，希望同伴能找到红心首攻。假设你是西家，你能看出来应该首攻哪门花色吗？

从西家的角度看，东家的缺门肯定是红心或者草花，而北家曾经加倍过，表明他在两门高花上都有长度，而草花却未必有长度。所以，西家应该首选攻红心。

攻对了！东家将吃掉首攻的红心，然后兑现 ◇A，定约宕一。如果西家首攻其他花色，尤其是看上去很自然的单张方块，庄家都可以打成定约。

对斯台曼和转移叫的示攻性加倍

如果对手打强无将，你也许会有机会加倍他们的 2♣ 斯台曼或者 2◇、2♡ 转移叫，以便指示首攻(对弱无将，加倍最好还是约定为显示强牌，因为你方有个局的可能性会更大)。

(a) 西	北	东	南
	1NT	不叫	2♣
加倍			

(b) 西	北	东	南
	1NT	不叫	2♡
加倍			

在进程(a)中,西家的持牌是♠873 ♡J73 ◇Q8 ♣KQ1095,加倍表示建议同伴首攻草花。

在进程(b)中,2♡是转移,表示有五张以上黑桃。西家加倍表示他希望同伴首攻红心。如果你拿着类似♡Q109762这样的红心,那不要仅仅因为你觉得2♡能宕就加倍,因为你并没有什么特别的理由希望同伴首攻红心,尤其是从♡A×这样的结构里首攻。

对其他虚叫的示攻性加倍

(a) 西	北	东	南
			1♡
不叫	1♠	不叫	2◇
不叫	3♣	加倍	

(b) 西	北	东	南
			1◇
不叫	3◇	不叫	3♡
不叫	3♠	加倍	

在进程(a)中,北家的3♣是第四花色逼叫。东家加倍,表示欢迎同伴首攻草花。

在进程(b)中,南北方已经确定方块配合,但可能更想打3NT。3♡和3♠就是对3NT的试探。东家加倍3♠,表示自己的黑桃很好,坐在北家的黑桃止张后面,建议同伴首攻黑桃。记住,即使3NT是铁的,首攻黑桃也可能会减少庄家的超墩数量,这在双人赛里是至关重要的。

(c) 西	北	东	南
			1◇
加倍	不叫	2◇	加倍

(d) 西	北	东	南
			1♡
1♠	2♠	加倍	

在进程(c)中,东家的2◇表示有一手强牌,要求同伴叫自己的套,寻找配合,进局的可能性非常大。南家加倍表示自己有好方块,建议北家首攻这门花色。

在进程(d)中,北家扣叫对手的花色,表示对同伴的红心套有好支持。东家加倍,表示在同伴的花色上有大牌,建议首攻黑桃。他的黑桃可能是♠K5。如果争叫人的黑桃是♠A Q 7 6 3或A 9 8 6 4 2,他就可考虑首攻低引一张小牌以获利。

如果东家没有加倍2♠,西家就会推断♠K在对手手里,从而选择首攻其他花色。

对斯普林特的示攻性加倍

假设对手的叫牌进程是1♠-4◇,这个4◇是斯普林特,表示对同伴的黑桃有好支持,并且方块是单缺。这时对4◇加倍应该是什么意思呢?是表示你希望同伴首攻方块吗?

首攻明手单缺的花色一般都无利可图。墨西哥专家牌手罗森克兰茨(George

Rosenkrantz)有一个很好的建议,他说这样的加倍应该是要求同伴首攻单缺花色的上一级边花,因此对 4◇ 加倍就是要求同伴首攻红心。

来看一个此法在实战中应用的牌例:

南发牌

双方有局

```
                    ♠A Q 5 3
                    ♡A 9 5
                    ◇4
                    ♣J 9 6 5 2
    ♠9 8                        ♠10 6
    ♡7 6 4 3        N           ♡K Q 10 2
    ◇J 10 9 7     W   E         ◇A 8 5 2
    ♣K 10 4         S           ♣Q 8 7
                    ♠K J 7 4 2
                    ♡J 8
                    ◇K Q 6 3
                    ♣A 3
```

西	北	东	南
			1♠
不叫	4◇	加倍	4♠
全不叫			

你坐东家,对北家的斯普林特做“罗森克兰茨加倍”,建议同伴首攻红心。南家叫 4♠ 止叫,同伴按要求首攻红心。庄家在每门边花中都有一个逃不掉的输墩,因而只能拿到 +620 分。

假设西家首攻的是 ◇J,如果东家上 ◇A,庄家就可以用 ◇KQ 垫掉明手的两个红心输张。如果东家第一墩放小,庄家的方块就没有输墩了。因此,无论东家怎么出,庄家都能在记分表上给自己记上 +650 分。如果西家首攻黑花色,庄家会赢进并在稍后自己打方块,结果是一样的。只有红心首攻才能防止庄家超墩,这个首攻可能会价值半个顶分。

对同伴阻击叫的示攻性加叫

假设你的同伴开叫阻击叫,被对手做技术性加倍。这时,如果你对同伴的花色有配合,准备加叫,那你可以考虑叫出一门新的花色,以起到指示首攻的作用。

(a) 西	北	东	南
	2♡	加倍	3♣

(b) 西	北	东	南
	3♡	加倍	4♢

一般情况下,你不会在同伴阻击开叫之后还想打自己的套,因此3♣和4♢应该理解为对同伴阻击叫的加叫,同时建议同伴在南家主打定约时首攻自己叫出的新花色。来看看下面这副牌:

西发牌

双方无局

```
                    ♠A Q 10 5
                    ♡9
                    ♢K Q 4 2
                    ♣K 6 3 2
   ♠7 6                           ♠9 3
   ♡A Q 10 7 6 5 2    N           ♡K 8 3
   ♢10 9           W     E        ♢J 6 5 3
   ♣8 5               S           ♣A Q 10 7
                    ♠K J 8 4 2
                    ♡J 4
                    ♢A 8 7
                    ♣J 9 4
```

西	北	东	南
3♡	加倍	4♣	4♠

全不叫

东家准备加叫到4♡。如果他只是简单地叫4♡,那么在南家最终主打4♠的时候,西家只能猜测首攻哪门花色。如果他选择♢10或是将牌,4♠都能打成。

还好,东家刚刚看了一本有关双人赛致胜策略的好书(这个你懂的),所以他没叫 4♡,而是叫了 4♣。这个叫品作为自然叫没有什么意义,所以应该表示能加叫到 4♡,同时建议做防守时同伴要首攻草花。

南家叫出的 4♠ 成为最终定约。西家首攻草花,东家笑纳两墩草花,然后再出草花给同伴将吃。同伴的 ♡A 成为 4♠ 的宕墩。

假设西家的牌不是像现在这样,而是牌力很弱,没有 ♡A,那么 4♠ 是铁的,但首攻草花可以让防家拿到三墩牌,仍然是一个接近顶分的结果。

下面来看一副顶级比赛(欧洲公开队式赛半决赛,意大利对法国)中的真实牌例,示攻性加叫收到了丰厚的战果。坐在东西方向的是 **85** 岁的贝尼托·葛罗索(著名的意大利蓝队成员)和 **84** 岁的罗梅恩·扎列斯基。

东发牌

南北有局

```
                        ♠J 7 6
                        ♡7 6 4
                        ◇Q 10 6
                        ♣K J 9 3
        ♠4                               ♠8 3
        ♡Q 8 2            N              ♡K J 10 9 5 3
        ◇J 7 5 3       W     E           ◇A 9 8 2
        ♣A Q 8 7 4        S              ♣2
                        ♠A K Q 10 9 5 2
                        ♡A
                        ◇K 4
                        ♣10 6 5
```

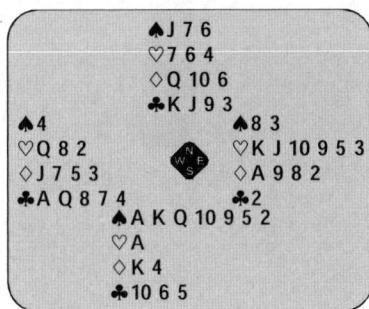

西	北	东	南
葛罗索	洛伦济尼	扎列斯基	龙博
		2♡	加倍
4♣	不叫	4◇	4♠
5♡	5♠	加倍	全不叫

东家开叫弱二红心,南家龙博加倍。当时我在 BBO 网站上解说,我预计葛罗索会叫 **3♣**,表示加叫到 **3♡**,同时建议同伴在对手打黑桃定约时首攻草花。葛罗

索果然叫了草花,不过比我预计的还高了一阶。

扎列斯基叫 4♡ 了吗?没有!他想到最后的庄家可能是南,于是叫了 4◇ ,也来指示首攻。最后的定约是由南家主打 5♠ 加倍。葛罗索首攻方块到同伴的 ◇A,同伴回草花给他的 A,然后再出草花给扎列斯基将吃,防宕了定约。漂亮!

在另外一桌,东家开叫 3♡ 之后,意大利队的南家因通蒂直接跳叫到 4♠ ,使得防家没有空间做出示攻性的叫品。最终定约也是 5♠ ,西家正常首攻小红心,定约打成。

总结

* 在对手试探满贯的叫牌进程中,你方可能会有很多次加倍对手虚叫叫品的机会,例如对黑木问叫的答叫、扣叫等。如果你预计可能会由同伴首攻,那可以用加倍对手的某个叫品来建议同伴首攻这门花色。

* 对付强 1NT,你可以加倍对手的 2♣斯台曼或 2◇、2♡转移叫,建议同伴首攻你所加倍的这门花色。

* 与上一条相似,在对手试探 3NT 的叫牌进程中,你对敌人的第四花色或表示挡张的叫品加倍都是示攻性的。

* 你的同伴叫了一个花色,然后被对手扣叫以显示强牌,这时你的加倍是表示在同伴的花色上有大牌,通常是 A×或 K×。如果你有三张以上,可能就会加叫而不是加倍。

* 你对敌人自由叫到的满贯定约做加倍,是莱特纳加倍,要求同伴做出不寻常的首攻,通常是将牌以外的花色,也排除同伴任何已叫过的花色。加倍人往往在某一门边花上是缺门,希望能将吃同伴的首攻花色。

* 同伴做阻击性开叫,对手加倍,你应寻求做示攻性加叫的机会,而不是直接加叫。如果你在边花上有 A K 7 2 或 A Q 8 3 这样的结构,同伴可能会是短套,那你们就很有可能一口气拿到前三墩牌。

小测验

你坐西,面临以下的叫牌问题。假设你使用本章推荐的叫牌手段。

1.

♠ 7 5
♡ 10 7 6
◇ K Q 9 8 6
♣ 9 5 4

西	北	东	南
	2♣	不叫	2♠
不叫	3♡	不叫	4♡
不叫	4NT	不叫	5◇
?			

你是否会加倍 5◇ ?

2.

♠ 7 5
♡ J 10 7 6
◇ Q 7 6
♣ A K 5 4

西	北	东	南
	3♡		加倍
?			

双方无局,你会怎么叫呢?

102

3.

♠7
♡K J 7 6
◇9 8 5 4
♣K Q 10 4

西	北	东	南
	1♠	不叫	4♣
?			

南家的 4♣ 是斯普林特,表示加叫到 4♠,并且草花是单缺。你会怎么叫呢?

4.

♠J 7 2
♡A 10 9 6 5
◇—
♣J 7 6 4 3

西	北	东	南
			1◇
不叫	1♠	不叫	3♠
不叫	4NT	不叫	5♡
不叫	6♠	不叫	不叫
?			

拿着西家的牌,你会加倍 6♠ 吗?

5.

♠ 8 2
♡ K Q 10 5
◇ 10 8 4
♣ Q 7 6 2

西	北	东	南
			1◇
不叫	2♠	不叫	3◇
不叫	4◇	不叫	4♡
?			

南家的 4♡ 是扣叫,应该是持有 ♡A。你会加倍吗?

6.

♠ Q 9 8 3
♡ 10 7
◇ A K J 4
♣ 9 7 5

西	北	东	南
	1NT	不叫	2◇
?			

南家的 2◇ 是转移叫,表示红心套。你会加倍吗?

答案

1. 北家的 5◇ 是对黑木问叫的答叫,并不表示有 ◇A。当然,你有 ◇KQ 是肯定可以做示攻性加倍的。如果你的方块是 ◇K10764,就不应该加倍,因为这有可能帮助你的下家。如果他拿着 ◇AQ,他会认定这是两墩牌,从而叫得更为进取。

2. 你的牌足够叫 4♡,但最好还是叫出示攻性的 4♣。你预计北家多半会叫 4♠,这样同伴就会知道你想要他首攻草花。

3. 不应该加倍。即使你不打罗森克兰茨加倍,要求同伴首攻草花也纯属浪费时间,因为明手最多只有一张。如果你打罗森克兰茨加倍,那这个加倍就是建议首攻斯普林特的上一级花色——方块,而这却是你最不想让同伴攻的花色!如果你正确地不叫,同伴就会注意到你并没有建议首攻方块,这样他会更倾向于攻一张红心。

4. 你应该对这个黑桃满贯定约做莱特纳加倍,要求同伴做出不寻常的首攻,通常是攻一门你可能会马上将吃的花色,而对手未叫过的红心和草花则不在考虑范围之内。你准备拿到一墩将吃和♡A,让定约宕一。需要注意的是,加倍 5♡ 是错误的,因为你想让同伴首攻的是方块,而不是红心!

5. 你不应该加倍,因为如果打方块定约,首攻的人是你自己!加倍会给对手提供很多信息,而你自己却得不到任何好处。同时,加倍还给了对手额外的叫牌空间(你的下家可以再加倍,或者不叫,等同伴再加倍——以显示红心的第一轮控制)。不要觉得我是故意拿"脑筋急转弯"来考你们,实战中真的有很多牌手会忘记到底是由谁做庄、由谁首攻。

6. 在双人赛里,你应该加倍 2◇ ,为了指示首攻而冒一点风险是值得的。如果是 IMP 制比赛,你就需要考虑万一北家持四张方块,他有再加倍的可能性。而如果南家的牌合适,就很有可能放打 2◇ 再加倍定约,庄家甚至还可能会拿到一个超墩。

9
选择正确的满贯

叫 6♠ 这样的满贯需要多大的成功率？如果你们是有局方，而另外一桌的对手没叫到满贯的话，那你打成满贯就能赢到 750 分（1430 减 680），折合 +13IMP。如果你叫到满贯但是宕一的话，你会输掉同样的分数（100 加 650）。所以在有局方时，无论是 IMP 制还是 MP 制比赛，你都需要有 50%以上的成功率才能叫上满贯。在无局方时也一样，打成满贯赢 500 分，宕一输 500 分。

本章我们要看看如何在两个满贯定约中做出选择。在 IMP 制比赛里，你应该选择成功机会最大的满贯，而在双人赛里，尤其是你认为其他桌大多也会叫上满贯时，你要选择得分较多的满贯。注意，得分最多的无局时是 6NT990 分，其次是高花满贯 980 分，最低的是低花满贯 920 分。

打 6NT，还是打 4-4 配合的花色小满贯？

当你有一门花色是 4-4 配合时，打 6NT 还是打花色小满贯的通用指南是什么呢？有 4-4 花色配合的潜在好处是，通过将吃可得到一个额外赢墩，这会把 11 墩变成 12 墩。因此，如果你们的联手牌力属于叫满贯的低限时，那可能更有必要去打有将定约。

让我们看几个能明显体现上述论断的例子：

南发牌

双方有局

西	北	东	南
			1NT
不叫	2♣	不叫	2♡
不叫	6♡	全不叫	

北家有 16 点,这样可推知联手有 31~33 点。在双方都是均牌型时,打小满贯牌力并不算特别高。北家决定打 6♡ 而不是 6NT,以防他们有可能需要一墩到两墩将吃才能拿到 12 墩。实际情况也正是如此,如果是打 6NT 的话,南北方只有 11 个赢墩,并且几乎没有什么能打出第 12 墩的办法。而如果是打 6♡ 的话,只要送出一墩草花,再将吃一墩草花,就能拿到 12 墩。

下面我们把联手的牌力变得更强一点:

南发牌

东西有局

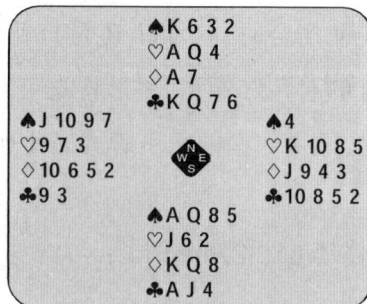

西	北	东	南
			1NT
不叫	2♣	不叫	2♠
不叫	6♠	全不叫	

这次北家有 **18** 点,使联手牌力达到 **33~35** 点,这就足以使 6NT 成为一个好定约。但可惜的是,北家还是决定打 6♠。这个 6♠ 定约存在两个隐患,一是将牌上可能会有两个输墩。实际上,南家的将牌很强,但不利的分布使得他在将牌上还是会必输一墩。红心的飞牌也不中(这个谁知道呢?),这样黑桃满贯最终宕一。

面对同伴的 **1NT** 开叫,北家拿着 **18** 点,应该叫 6NT。这个定约中,庄家送掉一墩红心之后,在黑桃之外有九个赢墩,再加上三个黑桃大牌,就有了 **12** 墩(如果西家有四张黑桃而且红心是 ♡ K×× 或 ♡ K××× 的话,你还可以通过挤牌拿到一个超墩)。

当然,这只是一副牌而已,随便换换一两张牌,就会得到不同的结果。要想知道概率上最优的选择,只有使用计算机模拟这一种办法。后面我们都会用到这个办法。

我是 4-4-3-2 牌型,应该用斯台曼寻求满贯吗?

南家开叫 15~17 的 1NT,你拿着北家的牌:

♠K 6 3 2　♡A Q 4　◇A 7　♣K Q 7 6

你是直接叫 6NT,还是用斯台曼寻找高花 4-4 配合呢?

为了解决这个问题,我们用计算机程序设定南家为 **15~17** 点,并且会在同伴用斯台曼后答叫 2♠,然后模拟 5000 副牌,比较打 6♠ 和打 6NT 的优劣。结果如下:

北家持上述 18 点、4-3-2-4 牌型,并且黑桃有 4-4 配合

定约	打成概率	平均得墩	MP	IMP(有局)	IMP(无局)
6♠	85.2%	12.2	17.2%	-0.6	-0.5
6NT	89.3%	11.2	82.8%	+0.6	+0.5

这个结果再清楚不过了。在上述的牌型及牌力设定之下,南北方很少需要用 4-4 配合的将牌来提供第 12 墩。实际上,6NT 的成功率往往会高于 6♠,因为 6♠ 有时候会出现赢墩被将吃,或者黑桃将牌上有不可避免的输墩等情况。

而在双人赛里,这两个定约简直是一个天上、一个地下!当你们联手牌力足够打 6NT 时, 你根本就不应该考虑去寻找什么高花的 4-4 配合。在计算机模拟的 5000 副牌中,有 67% 都是打 6♠ 和打 6NT 都能得 12 墩,但 6NT 会比 6♠ 多得 10 分。(有 10% 的牌是打 6♠ 能比打 6NT 多拿一墩,因而会比 6NT 多得 20 分。还有 8% 的牌是 6NT 能打成而 6♠ 会宕一。以上三种情况是出现概率最多的结果。)

如果北家只有 16 点,而不是 18 点呢?这样打成 6NT 的概率就会降低,6♠ 也许就会成为更好的定约(可能会有一个甚至更多的将吃赢墩)。让我们把北家 的♡Q 换成♡7 看看:

♠K632 ♡A74 ◇A7 ♣KQ76

现在你应该叫斯台曼了吗?我们还是模拟 5000 副牌,比较一下 6♠ 和 6NT 的 结果:

北家持上述 16 点、4-3-2-4 的牌,并且黑桃有 4-4 配合

定约	打成概率	平均得墩	MP	IMP(有局)	IMP(无局)
6♠	70.5%	11.8	41.2%	+2.5	+2.0
6NT	56.7%	11.6	58.8%	-2.5	-2.0

非常有价值的信息!6NT 的成功率比 6♠ 低了不少(56.7% 对 70.5%),但在双

人赛里,6NT 的得分率依然高于 6♠。这是因为,如果两个满贯都拿到 12 墩牌时,那么 6NT 自然胜出(这种情况的发生率是 42%)。而在 IMP 制比赛里,平均每副牌 6♠ 要比 6NT 多拿到 2.5IMP(有局)或 2.0IMP(无局),优势不小。

有 5-3 配合的高花时,我应该叫 6NT,还是叫六阶高花呢?

如果有 5-3 配合的高花,会出现什么情况呢?你应该选择哪个满贯?如果都拿到 12 墩牌,6NT 会比 6♡ 或 6♠ 多得非常关键的 10 分。那么,打 6NT 只能拿到 11 墩而打高花小满贯能拿到 12 墩的概率有多大呢?假设你拿着南家这手牌:

♠K 9 8 3　♡K J 6　◇Q J 4　♣A J 8

西	北	东	南
			1NT
不叫	2◇	不叫	2♡
不叫	**5NT**	不叫	?

北家的 5NT 是要你"选一个满贯来打"。他已经表示有五张红心套,但没有第二个套可叫。这样,他很可能就是 5-3-3-2 牌型,而你必须在 6♡ 和 6NT 中做出选择。在 IMP 制和 MP 制比赛里,你会做出怎样的选择呢?

南家持上述 4-3-3-3 的牌,并且红心有 5-3 配合

定约	打成概率	平均得墩	MP	IMP(有局)	IMP(无局)
6♡	68.6%	11.8	16.8%	-0.16	-0.13
6NT	69.3%	11.8	83.2%	+0.16	+0.13

在双人赛里,6NT 以空前巨大的优势胜出!在 5000 副牌中,6NT 的得分率高达 83.2%,与之相比,6♡ 的得分率只有可怜的 16.8%。而在 IMP 制比赛里,6NT 也

好于 6♡,不过优势就小得多了。

下面,我们将开叫人的牌型改为 4-4-3-2,还是三张红心支持。这样也许 6♡ 就会比 6NT 的成功率高。

♠A 4 ♡K 8 5 ◇A J 9 3 ♣K 10 7 4

西	北	东	南
			1NT
不叫	2◇	不叫	2♡
不叫	5NT	不叫	?

在 IMP 制比赛里,你会选择 6♡ 还是 6NT 呢? 在 MP 制比赛里,你又会选择哪个满贯呢? 结果如下:

南家持上述 2-3-4-4 的牌,并且红心 5-3 配合

定约	打成概率	平均得墩	MP	IMP(有局)	IMP(无局)
6♡	89.2%	12.3	10.1%	-0.36	-0.29
6NT	91.4%	12.3	89.9%	+0.36	+0.29

两个定约的打成概率都增大了不少,这是因为南家手里有六个控制(两个 A 和两个 K),而且 4-4-3-2 的牌型有着更强的做墩能力。在小满贯定约中,将吃能力并没有多大作用,你经常会发现没有将吃其实也能拿到 12 墩,或者也都避免不了输两墩的情况。实际上,6NT 打成的概率比 6♡ 还要略高一些,这是因为 6NT 有可能在红心分布恶劣的情况下仍然能打成。而在双人赛里⋯⋯哇! 叫 6NT 的牌手会得到 89.9% 的比赛分,完胜那些叫 6♡ 只得到 10.1% 比赛分的牌手。

有5-4配合的高花时,我应该叫6NT,还是叫六阶高花呢?

即使有5-4配合的高花,也可能叫6NT才是正确的。让我们来看看。

♠KQ5　♡AJ93　◇Q962　♣K7

西	北	东	南
			1NT
不叫	2◇	不叫	2♡
不叫	5NT	不叫	?

同样,同伴显示是5-3-3-2牌型和有打满贯定约的牌力。现在你对他的红心有四张支持,并且在草花上有将吃能力。你会选择6♡还是6NT?以下是用计算机模拟5000副牌后,两个定约的结果比较:

南家持上述 3-4-4-2 的牌,并且红心有 5-4 配合

定约	打成概率	平均得墩	MP	IMP(有局)	IMP(无局)
6♡	74.5%	11.8	20.0%	+0.62	+0.52
6NT	71.9%	11.7	80.0%	-0.62	-0.52

模拟结果再清楚不过了。在IMP制比赛里,你应该叫6♡,因为其打成的机会略大,每副牌平均可以赢得0.6IMP或0.5IMP。而在双人赛里,你要叫6NT,这样你会得到80%的比赛分,而6♡只有20%的比赛分。

我们从这一章的内容里能得到什么结论呢? 在双人赛里,当同伴开叫1NT时,如果你有打满贯的实力,而且是5-3-3-2牌型的话,那就应该直接叫6NT。表示高花(或叫斯台曼)纯属浪费时间,因为无论怎样你最后都应该打6NT,即使同伴对你的长套有四张支持。

我应该叫 6NT 还是叫六阶低花呢?

最后,我们来看看应叫人拿着长套低花的情况。你是满足于得分较低的低花满贯,还是把宝押在 6NT 上呢?

♠A 4　♡8　◇K 10 7　♣A J 9 8 6 4 2

西	北	东	南
			1NT
不叫	?		

毫无疑问你们会有某种表示草花长套的叫牌手段。不过,当你有个七张长套时,已经不太需要去寻找配合了。假设你马上就要决定最后打什么定约,你会叫 6♣ 还是 6NT 呢? 或者拿着这手牌不准备叫满贯? 你是怎么想的呢?

同伴开叫 1NT,你拿着 A 领头的七张草花,叫 6♣ 还是 6NT?

定约	打成概率	平均得墩	MP	IMP(有局)	IMP(无局)
6NT	62.1%	11.5	70.8%	–1.5	–1.1
6♣	78.4%	12.0	29.2%	+1.5	+.1.1

我们的第一个答案是,是的,你应该叫满贯。6♣ 的打成概率是 78.4%,在 IMP 制比赛里是最好的定约。虽然 6NT 打成的概率只有 62.1%,但(就像我们见过多次的那样)在双人赛里,6NT 依然是最佳的满贯定约。

在计算机模拟的所有牌例中,最常见的结果(33%)就是 6♣ 和 6NT 这两个满贯都拿到了 12 墩,但得分相差 70 分。有 22% 的牌例是两个定约都超一,得分相差 80 分。只有 11% 的牌例是两个满贯都宕一,得分相同。

当七张套的质量比较差的时候,结果可能会有所不同。我们来看看:

♠ A 4　♡ K 7　◇ Q 10 8 7 5 4 2　♣ K 6

西	北	东	南
			1NT
不叫	?		

现在你觉得满贯的机会怎么样？以下是计算机模拟的结果：

同伴开叫 1NT，你拿着 Q 领头的七张方块，叫 6◇ 还是 6NT？

定约	打成概率	平均得墩	MP	IMP(有局)	IMP(无局)
6NT	51.5%	11.1	62.5%	−1.1	−0.7
6◇	58.0%	11.6	37.5%	+1.1	+0.7

规律出现了：如果你准备叫满贯，那在 IMP 制比赛里要叫花色满贯，而在双人赛里就要叫 6NT。

注意，即使同场牌手中有一半都停在了成局定约上，也对上述结果没有任何影响，因为只要 6NT 能打成，就肯定会比打 3NT 和打 6◇ 分高，而 6NT 打成的概率是 51.5%，所以在双人赛里，6NT 肯定是最佳定约。

总结

* 在双人赛里,同伴开叫 1NT,如果你有打满贯的牌力,有一个四张到五张的高花但仍是均型牌时,那你就不应该用斯台曼或转移叫来寻求高花配合。即使花色满贯的成功率超过 6NT,打 6NT 也往往会因为那多出来的 10 分而让你拿到顶分。

* 在双人赛里,你要选择得分多的满贯定约(例如选择 6NT 而不是 6♠),即使你认为同场的很多牌手都会停在成局定约上。只要 6NT 的成功机会在 50%以上,6NT 就一定是最佳定约。

* 在 IMP 制比赛里,如果你找到了九张将牌配合,或是联手牌力不太够,可能需要一两个将吃赢墩时,那你就应该首选花色满贯。

* 无论是在 IMP 制还是 MP 制比赛里,成功率预计会超过 50%的满贯你都应该叫。如果你知道满贯的成功需要寄希望于一个不可避免的飞牌,那就不要叫。如果一个满贯最差的机会是一飞,而且有可能是铁牌,那就应该叫。

小测验

1.

♠K Q 7 5 2
♡K Q 3
◇A Q 7
♣6 4

西	北	东	南
			2NT
不叫	？		

同伴开叫 20~21 点的 2NT,你拿着这手牌时准备怎么叫呢？IMP 制或 MP 制会有区别吗？

2.

♠A K 7 2
♡K J 7 6
◇10 9 5 4
♣J

西	北	东	南
			2NT
不叫	3♣	不叫	3♡
不叫	？		

同伴还是开叫 20~21 点的 2NT,你叫斯台曼问高花,南家表示有四张(也有可能是五张)红心。现在你准备怎么叫呢？IMP 制和 MP 制会有区别吗？

117

3.

♠ J 9 8 6 5 3 2
♡ A 6
♢ A 10
♣ A 8

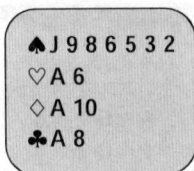

西	北	东	南
			1NT
不叫	?		

你觉得满贯的机会有多大？IMP 制或 MP 制你的叫牌计划会有区别吗？

答案

1. 同伴有 **20~21** 点，你有 **16** 点，点力够叫 **7NT** 了。计算机模拟结果显示，这个定约的成功率高达 **93%**，因此根本无需寻找黑桃配合。无论是 **IMP** 制还是 **MP** 制比赛，你都应该直接叫 **7NT**。

   (联手有 **0.6%** 的概率会缺一个 **A**，如果你有可以用来核查 **A** 的手段，那就应该核查一下。)

2. 联手牌力有 **32** 点或 **33** 点，你的牌型是 **4-4-4-1**，对着同伴的平均牌型，而且已知红心有 **4-4** 配合。首先，你必须评估一下打成 **6NT** 的机会。计算机模拟的结果显示，打成 **6NT** 的概率高达 **63%**，这让我十分惊讶。除非 6♡ 有很大的机会能拿到超墩，否则 **6NT** 应该是制胜的叫品。

   现在我们再按照定约是 6♡ 来重新模拟一次，并且分别比较两个满贯定约在 **IMP** 制和 **MP** 制比赛里的得分。结果显示，6♡ 的成功机会有 **88%**，而且防家平均只能拿到 **0.8** 墩，也就是说每五副 6♡ 就有一副庄家能拿到超墩。以下就是完整的模拟结果：

   应叫人是 4-4-4-1 牌型，红心有 4-4 配合，叫 6♡ 还是 6NT？

定约	打成概率	平均得墩	MP	IMP(有局)	IMP(无局)
6♡	88.5%	12.2	54.9%	+4.6	+3.9
6NT	62.6%	11.6	45.1%	-4.6	-.3.9

   在 **MP** 制比赛里，6♡ 是最佳定约。最常见的三种结果是：6NT 和 6♡ 都拿到了 12 墩（**38%**）；6NT 刚好打成，而 6♡ 超一（**21.4%**）；6NT 宕一，而 6♡ 刚好打成（**20.4%**）。在 **IMP** 制比赛里，6♡ 的优势更为明显，这是因为 6♡ 的打成概率远远大于 **6NT**。所以，斯台曼在这里终于能派上用场了。

3. 6♠ 打成的概率接近 **85%**。你可能不常见到过 **1NT-6♠** 这样的叫牌进程，不过这副牌也许就得这么叫。但我们首先要看看 **6NT**，也许它是个很有竞争力的叫品。我们来看一下计算机的模拟结果：打成 **6NT** 的概率是 **76%**，因此 **6NT** 肯定是双人赛里的最佳定约。看看完整的结果：

应叫人是 7-2-2-2 牌型，叫 6♠ 还是 6NT？

定约	打成概率	平均得墩	MP	IMP(有局)	IMP(无局)
6♠	84.7%	12.2	22.9%	+1.7	+1.4
6NT	76.0%	11.9	77.1%	-1.7	-1.4

在 **IMP** 制比赛里，你要叫 6♠，而在双人赛里，你要叫 **6NT**。记住了吗？

10
双人赛里的惩罚性加倍

在 IMP 制比赛里，关于惩罚性加倍的一般建议是："除非你有把握让对手的定约至少宕二，否则就不要加倍。"这是因为即使定约宕一，你加倍也多不了多少分（50 变 100，或 100 变 200）。与之相对的是，如果你加倍对手到局并且让他们打成的话，你就会输掉很多分。如果对手再加倍并且打成，那你就会输得更惨。

而在双人赛里，情况就完全不同了，尤其是在对手是有局方时。如果你加倍对手并且防成宕一，那你们就能拿到非常可观的+200 分。在一副部分定约的牌里，这几乎就是一个顶分。

如果你方主打定约能拿到+110 或+140 分，而对手在其有局方时抢走了定约，那么在不加倍的情况下你防成宕一也只能得到+100 分，这在双人赛里恐怕就是一个很差的分数了。因此，惩罚性加倍在很多情况下都是正确的选择。如果定约宕一，你就能得到一个非常好的分数。相反，如果让对手打成了加倍定约（例如，3♠加倍），那很可能即使你不加倍也一样会得到一个很差的分数（-140）。

关于何时使用惩罚性加倍，你很难找到一条放之四海而皆准的原则。这是因为你很难确定有多强的主打牌力，即使并没有很多大牌点。这就是桥牌中那些需要慢慢积累经验（往往是很痛苦的经验）才能提高的领域。本章中我们会讨论各种惩罚性加倍的情况。

争夺部分定约的叫牌进程后的加倍

首先,让我们来看一个双人赛里经常出现的典型竞叫进程:

东发牌

南北有局

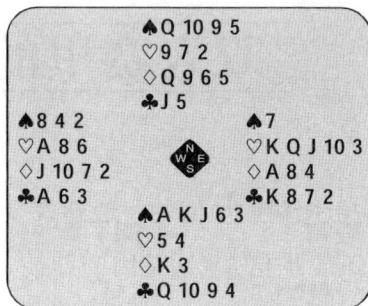

西	北	东	南
		1♡	1♠
2♡	2♠	3♡	3♠
加倍	全不叫		

东家的 3♡ 不是进局邀叫。如果他想邀叫,2NT、3♣或 3◇ 都可以选择,所以叫出 3♡ 就只是争夺定约而已。那在南家叫了 3♠ 之后,你作为西家应该怎么办呢?

你的牌在加叫 2♡ 的牌里属于非常好的,因而你认为 3♡ 肯定会打成(得 +140 分)。而且,你只有三张而不是四张红心,这就使你们在防守时拿到红心赢墩的机会增大。假设你现在不叫,3♠ 成为最终定约,然后宕一,那你方只能得到 +100 分,就会输给那些打成红心部分定约的牌手。为了防止这种情况的出现,你现在就应该做惩罚性加倍。

按照上面所显示的牌张分布,3♠ 的庄家无法避免在边花上输掉五墩,这样你就可以得到非常理想的+200分,这比完成任何红心部分定约的得分都要多,很有可能接近顶分。南家可能在这样的牌里每三副会有一副能打成加了倍的红心定约,那每打三副这样的牌,你的得分就会是:

+200、-730、+200(两个接近顶分和一个底分)

如果你三副牌都不加倍,那么你的得分就是:

+100、-140、+100(两个差分和一个接近底分)

你是不是突然间觉得加倍非常诱人了?如果对手能打成3♠,那无论如何他们都能拿到一个好分。但与此同时,如果加倍3♠能宕一,那你们就能拿到双人赛中收益巨大的"魔力200分"。

现在看看以下这个局势,还是南北有局:

```
        西
      ♠A 8 5
      ♡A 9 7
      ◇10 8 4
      ♣A K 6 5
```

西	北	东	南
			1♡
不叫	2♡	不叫	不叫
加倍	不叫	2♠	3♡
?			

你现在要加倍吗?不,你并不确定2♠能否打成。它也许能打成,但也可能会宕。你已经把对手抬到了三阶,只要3♡宕了,那你加不加倍都会得到一个好分数。加倍所能带来的潜在收益不敌因得-730分吃到底分的风险。

在本节的最后我们来看一副来自芬兰双人赛决赛的牌例,南北有局:

```
西
♠A 9 7 2
♡5
♢Q J 7 6
♣K Q 8 4
```

西	北	东	南
	1♣	2NT	不叫
3♢	不叫	不叫	3♠
4♢	不叫	不叫	4♠
?			

东家的 2NT 表示有两门红花色。西家只有两个确定的防守赢墩(一墩黑桃和一墩草花),而他同伴叫出了不寻常 2NT,防守牌力是未知的。但在叫 4♠ 时显得有些犹豫,而且看来 4♢ 是能打成,得到+130 分的。因此,西家加倍了 4♠,最终收获了非常可观的+200 分。

拿着意外将牌赢墩时的加倍

假设对手通过一个限制性的叫牌进程叫到成局定约，而你拿着将牌花色的 **QJ108**，庄家的将牌输墩至少会比他自己所预计的要多一个。这个时候，虽然说你无法保证对手的定约一定会宕，但你完全有理由做出惩罚性加倍，以寻求更高的比赛分。

下面就是一个很典型的例子：

南发牌

东西有局

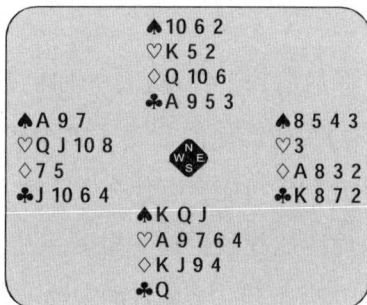

西	北	东	南
			1♡
不叫	2♡	不叫	3◇
不叫	4♡	不叫	不叫
加倍	全不叫		

对手经过进局试探之后才叫到了局，看来并没有多少富余的牌力。为了拿到高分，你拿着西家的牌做了加倍。你首攻♣J，庄家无法避免输两墩 A 和两墩将牌。

按照上面显示的牌张分布，加倍之后你的收益从+50 分变成了+100 分。这点分差在 IMP 制比赛里不算什么，但是在双人赛里计分表可能会是这样的：

南北	东西	定约	庄家	得墩	南北得分	东西得分	南北 MP	东西 MP
1	5	4♡	南	9		50	3.5	3.5
2	4	4♡(×)	南	9		100	0.5	6.5
3	7	2♡	南	9	140		6.5	0.5
4	1	4♡	南	9		50	3.5	3.5
5	6	3NT	北	8		50	3.5	3.5
6	3	4♡	南	9		50	3.5	3.5
7	8	4♡(×)	南	9		100	0.5	6.5
8	2	2♡	南	9	140		6.5	0.5

正如你所见，如果你不加倍，把 4♡ 防宕一你们只能得到平均分 3.5MP。有两对很敏锐的牌手选择了加倍，他们分享了 6.5MP 的顶分。

那么当你拿着好将牌时，加倍可能会有什么风险呢？有时候你的加倍会提醒庄家将牌的恶劣分布，从而让他找到少输一墩——甚至找到打成定约的路线。另外，对手也有可能在你加倍后跑到一个更好的定约上。以下这副牌就是这样：

西发牌

南北有局

126

西	北	东	南
2♦	2♡	不叫	2♠
不叫	3♡	不叫	4♡
不叫	不叫	加倍	4♠
全不叫			

　　东家拿着五张不错的将牌，就冒险加倍了对手的 4♡。南家感觉到红心分布不利，于是跑到了 4♠ 试试运气，而这个定约却是铁打不宕的。东家为自己不明智的加倍付出了惨痛代价。

示强性再加倍后的加倍

西	北	东	南
1♡	加倍	再加倍	

　　东家的再加倍告诉开叫人西家，己方联手牌力要比对手多，并且对南北方接下来所选择的定约有惩罚兴趣。如果西家在南家所选择的花色上有很好的防守牌力，他就应该毫不犹豫地做出惩罚性加倍。如果西家的牌不错，但在南家叫出的花色上牌力一般，他就应该不叫，让同伴来选择是否做惩罚性加倍。东家的再加倍保证再叫，所以开叫人不叫后他必须叫牌。

　　下面这副牌来自北美公开双人赛的决赛，显示出延迟示强性再加倍的强大威力。

西发牌

东西有局

```
              ♠K 5 2
              ♡K 8 4
              ◇J 6 3 2
              ♣A 5 3
♠Q 8 6                      ♠A 4
♡Q J 10 3 2      N         ♡A 7 6
◇A 9           W   E       ◇8 7 5 4
♣K Q 8           S         ♣9 7 4 2
              ♠J 10 9 7 3
              ♡9 5
              ◇K Q 10
              ♣J 10 6
```

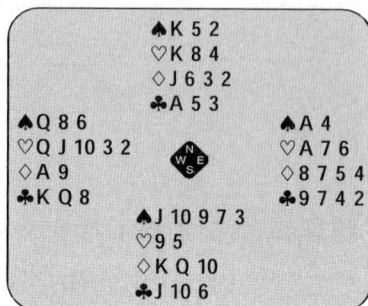

西	北	东	南
1♡	不叫	2♡	不叫
不叫	加倍	再加倍	2♠
不叫	不叫	3♡	3♠
加倍	全不叫		

　　东西停在了2♡上,北家做平衡性加倍。东家在加叫一副的牌中属于防守牌力很强的,因此用再加倍表示出有惩罚兴趣。南家叫2♠,后面两家都不叫,又轮到东家叫牌。该不该叫3♡很难说,但这个东家叫了。按照现在的牌张分布,3♡是没有问题的。庄家只会输一墩黑桃、一墩方块和两墩草花。不过,南家并未善罢甘休。他借助单方无局的有利局况和(预期中的)黑桃5-4配合继续竞叫到3♠。

　　西家认为3♡能打成得140分,这样他就无法接受简单地防宕3♠一墩或两墩,得到50分或100分,于是他做出了惩罚性加倍。西家用♡Q和♡J赢得了前两墩牌,然后继续出♡2,这是对草花有兴趣的花色选择信号。庄家将吃第三轮红心,出♠J输给东家的♠A。东家回出♣7,表示自己没有草花大牌。庄家手里出♣J，西家上♣Q，庄家忍让。西家再出第四轮红心，送给庄家一吃一垫，但是庄家无法避免再输两墩。加倍了的3♠定约宕二，东西方得到+300分，接近顶分。如果这个定约没有加倍，东西方只能得到+100分，这会是一个很差的分数。

罚放同伴的技术性加倍

当你拿着长将牌坐在庄家前面，那么罚放同伴的技术性加倍往往是很危险的。你只有在将牌的质量足够好，并且认为得到的罚分会比己方打成定约的得分高时，才可以这样做。

我们来看看欧洲混合双人赛决赛的这副牌：

南发牌

双方有局

```
                    ♠ J 9 8 7
                    ♡ 3
                    ♢ J 10 6 5 4 2
                    ♣ J 4
  ♠ A Q 10 4                      ♠ K
  ♡ 7              N              ♡ K J 9 4 2
  ♢ K 9 8 3     W     E          ♢ Q 7
  ♣ Q 10 9 5       S             ♣ A 8 7 3 2
                    ♠ 6 5 3 2
                    ♡ A Q 10 8 6 5
                    ♢ A
                    ♣ K 6
```

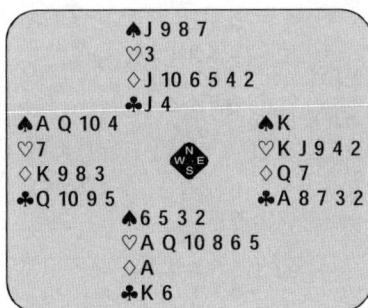

西	北	东	南
			1♡
加倍	全不叫		

在这一桌，东家决定罚放同伴的技术性加倍。这个决定包含了两个错误。首先，她的将牌是在庄家前面，能得到的赢墩数肯定远远不如坐在庄家后面。只有你的将牌是类似♡QJ1097这样结构的强度时，你才可以考虑在前手罚放。其次，你有很好的理由认为己方主打定约能得到更高的分数。

西家正确地首攻将牌，希望消去庄家的将牌（如果东家的将牌更好一些的话）。庄家用♡8赢进，兑现◇A，然后用一张黑桃脱手。很快，定约就打成了，南北方在记分表上给自己写下了+160分。

而在其他桌，叫牌过程的开始阶段都是一样的，但这些东家都做出了比罚放好得多的决定：直接跳叫3NT。这样，东西家非但没有吃到负分，还拿到了+660分！

有些时候叫牌已经到了比较高的阶数，然后你的同伴做显示牌力的加倍。这样的加倍基本上是技术性的，但罚放很可能会是一个很好的选择。下面这副牌就是这样：

南发牌

双方有局

```
                    ♠8 4
                    ♡K 9 7 5 4
                    ◇J 10 4
                    ♣K 4 2
     ♠A K J 9 6                    ♠Q 10 5 2
     ♡J 6              N           ♡Q 8 3 2
     ◇9 7 6 2        W   E         ◇3
     ♣10 3             S           ♣Q J 9 6
                    ♠7 3
                    ♡A 10
                    ◇A K Q 8 5
                    ♣A 8 7 5
```

西	北	东	南
			1◇
1♠	加倍	3♠	加倍
全不叫			

牌张分布对防家并不好，他们在方块上的10个大牌点只能拿到一墩。不过，加倍了的3♠还是宕了一墩，南北方得到宝贵的+200分。由于红心是5-2分布，南北方什么局也没有，因此+200就是一个接近顶分的分数。

南家在第二轮叫牌时做加倍是绝对正确的。他自己是一手强牌，而同伴又做出了负加倍，这种情况下他不能容忍对手白白地把定约抢走。

总结

* 在 **IMP** 制比赛里,如果你防守对手的定约宕一,那么这个定约有没有加倍并没有多大关系。你只有在看到可能会宕二时才应该加倍。

* 在双人赛里,成功地运用加倍会给你带来巨大的收益,尤其是在对手是有局方时,你可以把**+100** 分转化为**+200** 分。因此,与 **IMP** 制比赛相比,你在双人赛里要更大胆地使用惩罚性加倍。

* 在双人赛里,如果你认定己方的定约会打成,而争夺定约看起来比较勉强,那么这时往往就是加倍的最好时机。当然你也会认识到,这个问题没有精确的科学结论。你打的比赛越多,在加倍时机问题上的经验也就会越丰富。

* 当你的长将牌是在庄家后面时,做出加倍。

小测验

以下所有问题都发生在双人赛里。

1. 你坐东，南北有局。叫牌进程如下：

> 东
> ♠A 10 7 2
> ♡8 7
> ◇A 8 7 2
> ♣Q 5 2

西	北	东	南
			1♡
1♠	4♡	4♠	5♡
不叫	不叫	?	

现在你会如何行动呢？

2. 你坐西，双方有局。叫牌进程是：

西	北	东	南
1♠	加倍	再加倍	2♣
?			

你拿着下列三手牌时会分别如何行动呢？

(a)
♠K Q 10 9 6 4
♡K J 6
◇A 8 4
♣8

(b)
♠A Q 8 7 2
♡9 4
◇Q 5
♣A 10 9 5

(c)
♠K Q J 7 5 4
♡K 4
◇Q 9 6 2
♣7

3. 你坐西,双方无局。你拿着下面这手牌时准备叫什么呢?

```
西
♠A 5
♡A 10 9 8
♢J 10 6 3
♣K 4 3
```

西	北	东	南
	3♣	加倍	不叫
?			

4. 你坐西,双方无局。你拿着下面这手牌时准备叫什么呢?

```
西
♠A 8
♡A 10 9
♢8 5 4 3
♣J 8 7 3
```

西	北	东	南
	1♠	加倍	3♠
?			

答案

1. 你没有足够的理由期望 4♠ 能打成。你们已经把对手抬到了五阶，如果 5♡ 能宕的话，即使不加倍，你们也能拿到一个很不错的分数。但如果5♡ 打不宕，那你的加倍就会造成巨大的损失。大部分南北方都得了+650 分，而你却给对手写下了+850 分。所以，既然你们已经愉快地把对手抬到了五阶，你就应该不叫。另外，你的加倍可能会让庄家把 ◇ A 定位在你这里，从而猜对这门花色的大牌分布。

2. 牌(a)，你自己是不能加倍草花的，但是同伴也许可以。你的牌力在开叫中算是不错的，而且不应该在同伴再叫之前叫出 2♠。自己打黑桃定约可能会好于防守对手的草花定约，如果你决定这样做的话，可以在同伴加倍 2♣ 后再改叫 2♠。这样，由于你一开始没有叫 2♠，同伴便可推知你有不错的牌力。

   牌(b)，同伴已经建议惩罚，而现在你的草花很好，这正是加倍的最好时机。做这样的惩罚性加倍并不需要额外牌力，即使是开叫的最低限也可以，因为同伴的再加倍已经表明你们联手的牌力超过对手。

   牌(c)，你是开叫的低限牌，有牌型，但防守牌力很差。你应该立刻再叫 2♠，来描述上述持牌情况，不给同伴加倍 2♣ 的机会。

3. 这手牌来自于哥本哈根的一项双人锦标赛。东西方在红心和无将定约上都有成局的希望，但西家还是决定防守。他的♣K 基本不会被飞死，这样他自己手里就有了三个防守赢墩。如果同伴也能拿到三墩牌，让定约以宕三告终，东西方就能得到 500 分，比自己打成无局方的成局定约得分更高。实战中，同伴虽然只有 12 个大牌点和 5-4-2-2 牌型，但他们吃到了 1100分的罚分。没错，东西方拿到了顶分！

4. 这副牌来自北美桥牌联盟(**ACBL**)的即时双人赛(在这种比赛里,你每打完一副牌就能马上知道自己在这副牌上得到多少比赛分)。现在最好的选择是加倍。这个加倍是应答性的(通常是技术性加倍),但做这种加倍的人往往是很平均的牌型,否则他就应该叫出自己的长套。在这种情况下,同伴只要不是牌型特别好,就应该罚放。这副牌中,罚放 3♠ 能够得到+**300** 分,得到高达 **86%**的比赛分。如果你不敢加倍 3♠,放任对手打这个不加倍的定约,那你们就只能得到+**100** 分和 **17%**的比赛分。

11

牺牲叫

桥牌世界里的"牺牲"是什么意思？某个水平无可救药的牌手请你陪他打双人赛，打了一个晚上之后，你发现随便干点什么都比跟他打牌有意思。这是"牺牲"的一种含义。当然，"牺牲"更多的时候还是指对手叫到了某个定约(通常是局或满贯)后，你方叫出更高的定约，并且做好了被加倍宕几墩的准备，希望罚分所带来的损失会比让对手打成定约要小一些。

下面来看一副牺牲叫的例子：

南发牌

双方无局

```
                ♠4
                ♡K 9 6 5 3
                ◇K J 6
                ♣Q 10 6 5
♠A Q 10 9 7              ♠J 8 5 3 2
♡8 4          N         ♡J
◇10 8 2     W   E       ◇A 9 7 5 4
♣K 7 4        S         ♣9 2
                ♠K 6
                ♡A Q 10 7 2
                ◇Q 3
                ♣A J 8 3
```

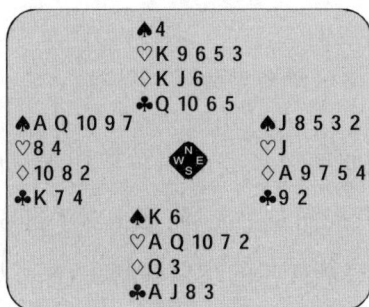

西	北	东	南
			1♡
1♠	4♡	4♠	加倍
全不叫			

137

南北方叫到了 4♡，东家决定用 4♠ 牺牲。这个定约多半会宕一墩到两墩。如果西家的黑桃和方块都不错，4♠ 甚至还有打成的希望。

在这副牌里，由于黑花色大牌的位置都有利，由西家主打的这个被加倍的 4♠ 定约只宕一，仅输 100 分。而如果他们放打对手的 4♡，则会输掉 420 分。因此，4♠ 是一个很好的牺牲叫。

如果我们把牌稍微换一下，让北家拿着♣A，那么 4♠ 加倍会宕二。不过，用 -300 分来换 -450 分仍然是一个好的牺牲叫。

下面的表格比较了放打 4♡ 和牺牲 4♠ 的各种结果之间的 IMP 得失：

IMP 制比赛中的牺牲叫（双方无局）

	4♠×=	4♠×-1	4♠×-2	4♠×-3	4♠×-4
4♡ =	+14	+8	+3	-2	-9
4♡ -1	+11	-4	-8	-11	-13

你已经看到了，如果 4♡ 能打成，那么你用 4♠ 牺牲就只有在宕四以上时才会输掉很多分。但如果 4♡ 的结果是宕一，那么你方的牺牲叫输大分的可能性也会更大。

IMP 制比赛中局况对牺牲叫的影响

在你方有局时，牺牲叫所要承受的罚分要比无局时高（-200、-500、-800、-1100 等等）。如果你方有局而对手无局，那么对手打成一个局只能得到 420 分左右。也就是说，你必须将牺牲叫的结果控制在宕一以内，否则就会得不偿失。下面的表格显示的就是局况为有局对无局时的牺牲叫得失情况：

IMP 制比赛中的牺牲叫（有局对无局）

	4♠×=	4♠×-1	4♠×-2	4♠×-3	4♠×-4
4♡ =	+15	+6	-3	-8	-12
4♡ -1	+12	-6	-11	-13	-15

所以,只有在你认为可以只宕一时才能牺牲。不过,万一遇到宕二的情况,与让对手打成4♡相比,你也只输3个IMP。

如果你们是无局方,而对手刚叫了一个有局方的局,这时做牺牲叫是最有希望获利的。可能出现的IMP得失情况如下:

IMP制比赛中的牺牲叫(无局对有局)

	4♠×=	4♠×-1	4♠×-2	4♠×-3	4♠×-4
4♡=	+15	+11	+8	+3	-5
4♡-1	+10	-5	-9	-12	-14

在4♡能打成的情况下,你用4♠牺牲,被加倍宕三都是划算的,只有宕四以上才会吃亏。如果你只宕一或宕二,那你们就能赢到一个很大的分数。

最后,我们来看看局况为双方有局时的得失比较:

IMP制比赛中的牺牲叫(双方有局)

	4♠×=	4♠×-1	4♠×-2	4♠×-3	4♠×-4
4♡=	+16	+9	+3	-5	-10
4♡-1	+12	-7	-12	-14	-15

如果牺牲叫只宕一,你能赢9IMP。宕两到宕三都是小输赢。如果你认为牺牲叫可能会宕二,那一般来说你就不应该叫,因为你最多只能赢到3IMP,而如果对手的成局定约是打不成的,或是你的队友并没叫到局,那你们的损失可就大了。

何时采用牺牲叫

我们必须承认,判断一副牌是否需要牺牲叫并非易事。即使是那些专家级牌手也有过不知所措的时候,甚至有过终生难忘的惨痛经历。不过,还是有一些迹象能够帮助我们做出决定。下面这副牌你准备怎么办?

南北有局

```
西
♠10 8 2
♡Q 7
◇Q 8 7 2
♣10 8 7 3
```

西	北	东	南
		1♡	1♠
不叫	2♡	3♣	4♠
?			

北家的 2♡ 是表示对黑桃的好加叫。你觉得牺牲 5♣ 的前景如何？先想一想，然后再往下读。

你可能认为自己对同伴的花色支持一般，牺牲 5♣ 可能吃到巨额的罚分，但你错了。下面的几个迹象告诉你，做牺牲叫是划算的：

* 局况非常有利，对手有局而你方无局。
* 对手的叫牌非常自信，如果你选择防守，让他们打 4♠ 的话，4♠ 打成是你意料之中的。
* 如果这是双人赛，既然南北方叫得如此自信，其他桌恐怕大多数也都会叫到 4♠。
* 同伴的两门花色肯定至少是 5-5。你对他的草花有四张支持，红心上的双张♡Q×也是价值连城，对同伴树立红心套会有极大的帮助。

一副牌的结果说明不了什么问题，不过我们还是来看看整副牌吧。这副牌实际上出现在 IMP 制比赛里：

东发牌

南北有局

```
                    ♠A 7 5
                    ♡J 8 5 2
                    ◇A J 10 5
                    ♣5 2
     ♠10 8 2                      ♠6
     ♡Q 7              N          ♡A K 9 6 3
     ◇Q 8 7 2      W     E        ◇4 3
     ♣10 8 7 3         S          ♣K Q J 9 6
                    ♠K Q J 9 4 3
                    ♡10 4
                    ◇K 9 6
                    ♣A 4
```

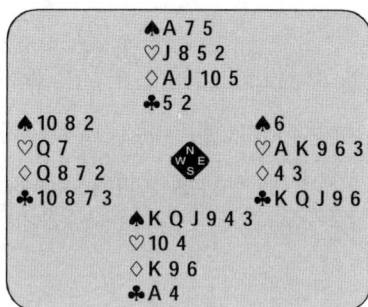

西	北	东	南
		1♡	1♠
不叫	2♡	3♣	4♠
5♣	加倍	全不叫	

牺牲叫吃到-300分，而另一桌南家打4♠超一，得+650分。（因为东家显示过红心和草花，庄家决定打◇Q在西家。）两桌结果相比较，做出牺牲叫的西家得到了8IMP的回报。

西家最需要做的事情，就是在心里设想一下同伴的牌。西家自己的牌固然很差，但他应该知道，根据东家叫牌所传递的信息，东西家联手的配合会非常不错的。

双人赛里的牺牲叫

在双人赛里，你永远不用在意分差有多大，最重要的就是你要尽可能多地超过其他牌手，赢得再少也是赢。

假设局况为双方无局，你的对手叫到了4♡。如果这个定约打成，你们会得-420分。如果你用4♠牺牲，通常你可以认为只要吃到-300分以内的罚分你们就赢了。但如果对手的牌力属于进局边缘，那有两种结果会对你不利。第一，他们的成局定约可能会宕;第二,其他桌不一定都会叫到这个局。如果是后一种情况,那么你的-**300**分和其他桌让对手打成部分定约所输的-**170**分相比,就是个灾难。

类似这样的因素都是很难判断的, 这也正是桥牌的魅力之一。如果桥牌很简单,高手每次都能做出正确的判断,那这游戏就真的很没意思了。

我们来看一副俱乐部实战中典型的牺牲叫牌例。你坐南:

西发牌

双方无局

```
              ♠Q 8 5
              ♡A 8 4
              ◇K 3 2
              ♣8 6 4 3
♠J 9 6 4                 ♠A K 10 7 2
♡Q 10 9 7 6 3    N       ♡5
◇7 4          W   E      ◇9 5
♣Q              S        ♣A K J 9 2
              ♠3
              ♡K J 2
              ◇A Q J 10 8 6
              ♣10 7 5
```

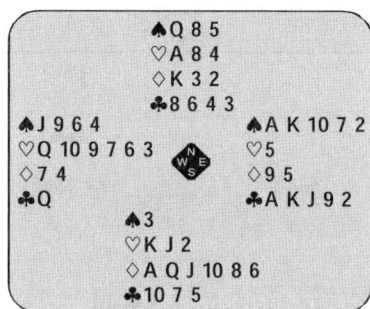

西	北	东	南
不叫	不叫	1♠	2◇
3♠	4◇	4♠	?

先只看南家的牌。你会牺牲 5◇ 吗?

实战中,不止一桌的南家叫了 5◇,然后被东家加倍。防家在黑花色中吃到了四墩,而庄家早晚还要飞丢给♡Q一墩。罚分是**500**,比东家打成**4♠**的**420**分还要多。

"运气不好,"南家说。"如果红心飞中了,这就是一个好牺牲。"

我们来看看这副牌的记分表：

南北	东西	定约	庄家	得墩	南北得分	东西得分	南北 MP	东西 MP
1	7	5◇×	南	8		500	0.5	6.5
2	6	4♠	东	9	50		6	1
3	2	4♠	东	10		420	2.5	4.5
4	4	5◇	南	8		150	4	3
5	3	4♠	东	10		420	2.5	4.5
6	1	4♠	东	9	50		6	1
7	8	5◇×	南	8		500	0.5	6.5
8	5	5♠	东	10	50		6	1

不出所料，这副牌的结果真可谓五花八门。正如你所见，只要你叫了5◇并被加倍，即使仅宕二，也不算是什么"好牺牲"。只有两桌的东西家打成了4♠（庄家可能是因为南家有六张方块而决定打北家的黑桃是♠Q××）。

这就是我们需要记住的一点。牺牲对手的成局定约时，即使罚分比成局的分数少，也还需要两个条件才能在双人赛里拿到好分：一、坐同一方向的绝大多数牌手都叫了这个局；二、绝大多数牌手都打成了这个局。

这张记分表还给我们上了另外一课。看看东西4号牌手出了什么状况：用5◇牺牲，而他们竟然没有加倍！这样，定约虽然宕了三墩，但东西方只得了+150分和3MP。如果加倍的话，他们的得分会是6.5MP。当对手做出牺牲叫时，你方加倍是非常重要的。不要担心他们的定约偶尔会打成。如果真的打成了，那么你不加倍也多半是个差分。而在大多数情况下，你都可以通过加倍拿到大量额外的罚分。例如，从+100变成+300，你可以多拿到很多比赛分。

提前牺牲

有时候你会在对手还没来得及判断该叫到什么成局定约时，就直接跳到牺牲叫的位置。这么做的目的是要剥夺对手的叫牌空间，这在很多竞叫进程中会经常发生。看看出现在 2013 年欧洲公开双人赛决赛中的这副牌：

南发牌

南北有局

```
                    ♠8 6 5 4 2
                    ♡10
                    ◇K 7 5
                    ♣9 7 3 2
    ♠10 7                        ♠—
    ♡A K 7 4 3        N          ♡Q J 9 6 2
    ◇J 4 3 2       W   E         ◇10 9 7
    ♣6 5              S          ♣K Q J 10 4
                    ♠A K Q J 9 3
                    ♡8 5
                    ◇A Q 8
                    ♣A 8
```

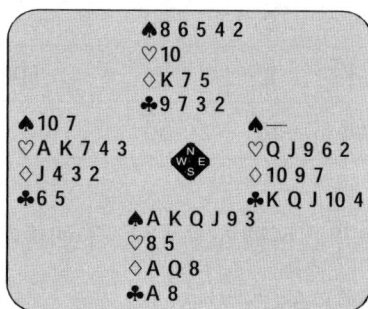

西	北	东	南
			2♣
2♡	不叫	5♡	加倍
全不叫			

南家开叫强 2♣。西家毫不畏惧，争叫 2♡。如果最后是北家做庄，那这个叫品至少能起到指示首攻的作用。

东家现在该叫什么呢？你可以看到，加叫到 4♡ 是没用的。南家可以叫出 4♠，而北家则会用 5♠ 盖过东西方的 5♡。因此，东家决定直叫 5♡，提前牺牲。这个行动确实给南家出了个难题。

南家手里有五个潜在的输墩，因此他决定不叫 5♠，而是选择加倍。防家拿到了四墩牌，得到 +300 的罚分。东西方则在这副牌中拿到了 44 个 MP 中的 34 个。

总结

* 在 IMP 制比赛里，你用牺牲叫的 500 罚分换取对手可能打成的 4♠ 定约 620 分，所得有限，只有 3IMP。如果另外一桌打宕 4♠，或是没叫到局，你们会输掉 500 分，这个损失可不小。所以，在 IMP 制比赛里，你只有在预计能赢不少分数时才能做牺牲叫。

* 在双人赛里，如果其他桌的牌手大多得到 620 分，而你用牺牲叫让本桌的对手只得到 500 分的话，那你就能得到一个非常好的分数。不过，这还需要几个条件同时成立：

  · 其他桌多数都会叫到局。

  · 叫到的局多数都会打成。

  · 你的宕墩数不能超过预期。

  所以，如果你觉得自己的牌处于叫与不叫的边缘(即使是像你这样的猛将)，那还是谨慎一点为好。

* 局况是你首先要考虑的因素。当对手单方有局时，你可以承受自己的定约宕三。而当你们单方有局时，你就最多只能承受宕一。

* "五阶盖叫五阶"几乎都是错的。如果对手在竞叫中叫到 5♡，你的选择通常就是不叫或者加倍，而不是盖叫 5♠。

小测验

1. 双方无局。你拿着这手牌时叫什么呢?(考虑 IMP 制和 MP 制两种情况)

西
♠Q 7 6 3
♡J 6
◇10 9 3
♣A 10 6 2

西	北	东	南
		2♠	不叫
?			

2. 南北有局。你拿着这手牌时,下一步会怎么办呢?(考虑 IMP 制和 MP 制两种情况)

西
♠A 9 4 3
♡8 3
◇A Q 8 4
♣9 5 2

西	北	东	南
		3♠	4♡
4♠	5♡	不叫	不叫
?			

3. 南北有局。你拿着这手牌叫什么呢？(考虑 **IMP** 制和 **MP** 制两种情况)

> 西
> ♠ 6
> ♡ 7 6 3
> ◇ J 9 3 2
> ♣ A 10 8 6 3

西	北	东	南
	1♡	加倍	4♡
?			

答案

1. 在世界女子桥牌锦标赛瑞典队对阵法国队的比赛中,瑞典牌手桑德拉·里姆斯特特拿的就是这手牌。她认为对手应该能打成某个局,因此叫 4♠ 提前牺牲。法国队的北家持 ♠AK5 ♡A8 ◇KQJ87 ♣KQ3。她不喜欢拿这手牌加倍,因为这个加倍基本上是技术性的(她的同伴持 0-6-3-4 牌型,在加倍之后肯定会叫 5♡,然后宕一)。于是,4♠ 就成了最终定约,结果是宕二,东西方得 -100 分。即使 4♠ 被加倍宕一,也仍然是一个好的牺牲。在另一桌,法国队的东家没有开叫 2♠,瑞典队叫到并打成了 4♡。

2. 你们的 4♠ 已经让对手够难受的了。你觉得他们打成 5♡ 的机会有多大?他们有可能拿到 11 墩(650 分),而你如果牺牲 5♠,或许可以把失分降低到 500 甚至 300。这没错,但你现在还是不应该叫 5♠。把对手抬到五阶,你已经可以满足了。如果这个定约打不成,你肯定会得到一个好分。如果把牌张换一下(某一个黑桃缺门,方块大牌位置也对敌人有利),他们没准还能打成 6♡。这种"五阶盖叫五阶"的叫牌几乎都是错的。你应该首攻 ♠A。整副牌也许是这样的:

```
                  ♠6
                  ♡Q 10 7 6 2
                  ◇5 3 2
                  ♣A J 8 3
♠A 9 4 3                      ♠K Q J 10 8 7 2
♡8 3          N               ♡—
◇A Q 8 4    W   E             ◇J 9 6
♣9 5 2          S             ♣10 7 6
                  ♠5
                  ♡A K J 9 5 4
                  ◇K 10 7
                  ♣K Q 4
```

如果你没有兑现 ♠A,庄家就可以用草花垫掉黑桃,再将吃一墩黑桃,最后通过投入打法而只输两墩方块(如果再把牌换一下,你可能需要首攻低引一张黑桃,让同伴换出方块)。

3. 打成 4♡ 的机会有多大?如果你能将吃一墩到两墩黑桃,这个定约可能
   就宕了,可惜首攻的不是你。最后的结果很难说,但是 4♡ 很像是能打
   成的样子。你有三张红心,这说明同伴最多只有一个红心输张,用低
   花定约牺牲看起来是很划算的。因此,你应该叫出不寻常 4NT,要求
   同伴选一门低花。如果他的两门低花等长,他会选择草花的。

第二部分

做庄策略

12
应该采用安全打法吗？

在打 IMP 比赛时，你通常都应该寻找最安全的做庄路线。一个超墩的价值相对来说是很小的，你的首要任务是保住成局或进贯的奖分。

而在双人赛时就大不一样了。这时候的一个超墩可谓价值连城，有时候可值半个顶分。所以，你往往可以忽略安全打法。假设你用安全打法能防住出现概率为 **20%** 的恶劣分布，但是在剩下 **80%** 的情况中都会少拿一个超墩，那么你的安全打法每赢到一副牌，就会输掉四副牌！

下面我们用一副牌例来说明这个问题：

南发牌

双方无局

```
                    ♠A 9 2
                    ♡K 9 7
                    ◇A J 5 3
                    ♣8 6 3
        ♠J 7 6 4 3              ♠8 5
        ♡Q 4          N         ♡J 10 8 6 5
        ◇K 8        W   E       ◇Q 9 6
        ♣J 10 5 2      S        ♣Q 9 7
                    ♠K Q 10
                    ♡A 3 2
                    ◇10 7 4 2
                    ♣A K 4
```

西	北	东	南
			1NT
不叫	3NT	全不叫	

153

你方叫到了 3NT，这应该也是同场绝大多数牌手的选择。西家首攻♠4，你准备怎么打？

你有八个顶张赢墩，只要在方块上再做出一墩就能完成定约。这个方块结构应该怎么打，才能保证拿到两墩呢？

安全打法是先拔掉◇A，然后冲着暗手的◇10出一张小方块。这样，即使防家中有一人的方块是 KQ984，你也能用◇10 或◇J 拿到第九墩牌。如果你上来就从暗手出小方块，明手放◇J，那就可能会输给东家的单张◇Q 或◇K，从而打宕定约。

在 IMP 制比赛里，你应该采用安全打法，保证打成定约。那么在双人赛里你应该怎么打呢？你应该第一轮就出小方块给◇J。如果东家拿着单张方块大牌，你就宕了，但这种情况出现的概率只有 6%。出小方块到◇J 的打法，在西家持◇K×、◇Q×或◇KQ×的时候都能拿到三墩方块。放弃安全打法，你每得一个坏分就会得到五个好分。

南发牌

双方无局

西	北	东	南
			1◇
不叫	1♡	不叫	2NT
不叫	3NT	全不叫	

这是另外一个例子。西家首攻◇Q，你准备怎么打这个 3NT？

你有八个顶张赢墩,额外的赢墩需要从红心中挖掘。在 IMP 制比赛里,你首先要保证尽可能打成定约,因此就应该先送出一副红心,这种打法可以保证在分布不差于 4-2 的情况下能拿到四墩红心。如果红心是 3-3 分布,你这么打就会少拿一墩,但是这 30 分无关紧要。那么,如果是双人赛,你应该怎么打呢?

要回答这个问题,你需要知道,红心 3-3 分布的概率大约是 36%。如果你决定博一个超墩,连打红心大牌,那么在 36% 的情况下你能拿到+430,这肯定是一个好分数。如果你采用安全打法,先送一墩红心,那么在 48%(红心 4-2 分布)的情况下,你会得到+400 分。从长远来看,采用安全打法的优势很明显。

下一副牌的情况和这一副有所类似。首先,你要找出在 IMP 比赛里安全打成的路线。然后,你需要计算一下在双人赛里采用什么打法最好。你来试试吧!

南发牌

东西有局

```
                 ♠10 7 4
                 ♡7 3
                 ◇A 10 9 2
                 ♣J 8 7 2
    ♠K 8 3                      ♠Q 9 5 2
    ♡Q J 10 8 5    N            ♡6 4 2
    ◇8 4 3       W   E          ◇K 7 6
    ♣K 9           S            ♣6 4 3
                 ♠A J 6
                 ♡A K 9
                 ◇Q J 5
                 ♣A Q 10 5
```

西	北	东	南
			2NT
不叫	3NT	全不叫	

西家首攻♡Q。在 IMP 制比赛里,哪条路线的打成机会最大呢?

你忍让了第一墩红心,然后吃住第二墩红心。假设你的下一张牌是◇Q。东家赢进,然后再顶红心。之后你飞草花失败,西家就可以再拿两墩红心。定约宕一。

在这种情况下,你应该想办法先去掉持长套一方(本例中是西家)的进手。根据首攻,你已经知道西家至少有四张红心。这样,你不飞方块,而是先打♣A,再出♣Q,就可以保证定约不宕。无论谁赢进草花(本例中是西家),你都吃住第三墩红心,然后再出◇Q,飞给安全的一方。如果红心是危险的 **5-3** 分布,此时东家已经没有红心可出了。

所以,这就是 **IMP** 比赛里安全打成这个定约的做庄路线。现在,想想在双人赛里你的打法是否会有所不同。

双人赛里的最佳路线就是在两门低花中都进行飞牌。如果两飞都不中,而且西家拿着五张红心的话,定约就宕了,但是你还是应该这么打。以下表格说明了当西家拿着五张红心时,你分别采用两条路线所能得到的墩数:

两飞路线:

	◇K 飞中	◇K 飞不中
♣K 飞中	11	10
♣K 飞不中	10	8

安全路线:

	◇K 飞中	◇K 飞不中
♣K 飞中	10	9
♣K 飞不中	10	9

大致上,在双人赛里,采用两飞路线可以让你在 **50%** 的情况下,也就是草花能飞中的情况下得到好分。(如果采用安全路线,你还有一点点击落单张♣K 的额外机会,但这种情况的出现概率不到 **3%**)。

只有在 **25%** 的情况下(两飞都不中),采用两飞路线会让你得到差分。很明显,在双人赛里你应该采用两飞路线。

你可能会认为采用两飞路线的成功概率比上述更高,因为红心可能是 **4-4**

156

分布。这是对的,但是在本例中,东家可能不会出第三张红心,而是换攻黑桃。这样,在两飞都不中的情况下,防家还是可以拿到五墩牌。

南发牌

东西有局

```
            ♠K J 9 8 6 4
            ♡3
            ◇Q 9 3
            ♣A 7 5
♠—                      ♠Q 10 7 3
♡Q J 10 9 7             ♡K 8 5 4
◇8 7 4 2                ◇J 5
♣10 6 3 2               ♣J 9 8
            ♠A 5 2
            ♡A 6 2
            ◇A K 10 6
            ♣K Q 4
```

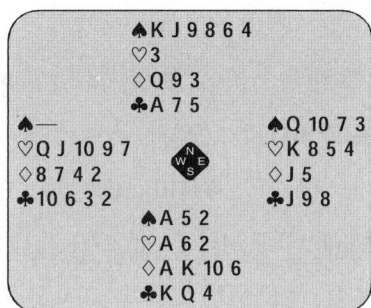

西	北	东	南
			2NT
不叫	3♡	不叫	3♠
不叫	5♠	不叫	6♠
全不叫			

北家用转移叫表示黑桃套,然后叫5♠邀请满贯。你虽然只有20个点,而且是 4-3-3-3 牌型,但是顶张大牌很多,所以你还是叫上了 6♠。西家首攻♡Q,你准备怎么打这个黑桃小满贯呢?

两手牌的配合极好,满贯的前景非常光明。你的边花没有输墩,唯一的危险在于将牌可能丢掉两墩。如果是在 IMP 比赛里,很多牌手可能会先拔♠A,西家示缺后,两个输墩就不可避免了。这种打法是不对的。你应该先从暗手出一张小黑桃,如果西家示缺,你就上 K,再出♠J(或♠9),准备飞过。如果东家扑上大牌,你就上♠A,然后逼出西家最后的将牌,打成定约。假设第一轮西家跟出小牌,你还是明手出♠K,如果这时东家示缺,那么你就打回黑桃给♠A,最后也是只输一墩将牌。

157

那么,在双人赛里你应该怎么打这副牌呢?是用安全打法还是先拔♠A?一般来说,如果你认为同场的多数牌手不会进局或进贯,那么你就安全打成即可。因为在这种情况下,超墩的利益远远无法和打宕的损失相比。

在本例中,即使是在超墩至关重要的双人赛里,刚才所提到的安全打法(先出♠K,再打小到♠A,除非西家示缺)也一点都不会吃亏。当将牌是 2-2 分布或任意防家持单张♠Q 时,你都能拿到一个超墩。如果采取先拔♠A,准备用♠J 飞的打法,则可以在西家持♠Q××(19%)或♠Q10××(5%)时拿到超墩。如果东家持♠Q××(20%),这个打法就拿不到超墩。但当东家是♠Q10××(5%)时,先拔♠A 的话定约就宕了。

绝大多数牌手不会做如此详细的计算,他们在选择打法的时候,脑子里只有一个大致的概率。在这副牌上,他们可能只会想:"这满贯机会非常好,很多牌手可能都叫不到,所以我最好别因为冒险而打宕了!"

探查是否需要安全打法

有的时候,你有机会去探查是否有必要采用安全打法。这在双人赛里是非常管用的,因为无论目标花色的分布如何,你都要尽可能拿到最多的墩数。

南发牌

双方有局

```
                    ♠7 2
                    ♡J 6 4
                    ◇A K Q 8 3
                    ♣6 3 2
   ♠J 9 8 5 3                    ♠K 10
   ♡Q 9 2          N             ♡K 10 8 3
   ◇9           W     E          ◇J 10 7 5
   ♣J 9 7 4        S             ♣Q 10 3
                    ♠A Q 6 4
                    ♡A 7 5
                    ◇6 4 2
                    ♣A K 8
```

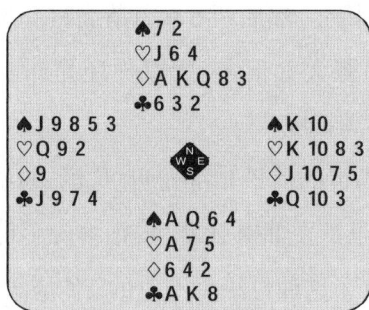

西	北	东	南
			1NT
不叫	3NT	全不叫	

你打 3NT，西家首攻♠5，东家上♠K，你用♠A吃进。黑桃已经有两墩，这样你已经可以数到八个顶张赢墩。只要方块是 3-2 分布，你就能再拿两墩方块，超一完成定约。如果方块是 4-1 分布，你就需要在第一轮或第二轮时送掉一墩方块以完成定约，但那就没有超墩了。现在你准备怎么打呢？

第二墩牌，你打一张小方块，明手上◇A，两个防家都跟了。现在你要送一墩小方块吗？不，因为 3-2 分布是大概率事件，在双人赛里，你无法承受少拿一个超墩所带来的损失。因此，你从明手出一张小草花到手里的♣A，再出一张方块。如果西家跟出，你就明手吃进，然后希望这门花色是 3-2 分布（如果是 IMP 制比赛，你就会放掉这墩，以防西家拿着四张方块）。如果牌张分布像本例所示，西家在第二轮方块上就会示缺，这时候你就适时地知道需要送一墩方块才能完成定约了。你的得分是 +600，击败了那些连拔方块大牌的粗心庄家。

概率是如何变化的

某一门花色是否应该采取安全打法，有时候会受到其他花色上所传递出来信息的影响。看看这副牌：

南发牌

南北有局

```
                    ♠7 5 2
                    ♡A 6 3
                    ◇8 4 2
                    ♣A 7 3 2
    ♠Q J 10 9 3                 ♠8 6 4
    ♡K J 9 8 4      N           ♡7 2
    ◇—            W   E         ◇Q J 10 7
    ♣8 6 4          S           ♣K Q 10 9
                    ♠A K
                    ♡Q 10 5
                    ◇A K 9 6 5 3
                    ♣J 5
```

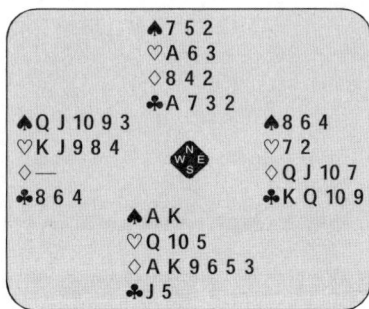

西	北	东	南
			1◇
2◇	不叫	2♠	2NT
不叫	3NT	全不叫	

西家冒险叫出了迈克尔扣叫 2◇，表示 5-5 以上的双高花。最终定约是南家主打 3NT，西家首攻 ♠Q。如果方块是 2-2 分布，你就能拿到十墩牌，得+630 分。如果方块是 3-1 分布，你就要输一墩方块，得+600 分。那么方块 4-0 分布会怎样呢？

只有东家才有可能拿着四张方块。在这种情况下，你还是可以通过安全打法来完成定约。第二墩牌，你从手里出小方块到明手的 ◇8，然后在这门花色中飞两次牌。因此，采用安全打法可以防止方块 4-0 分布，但在方块 2-2 分布时会损失一个超墩。你会怎么打呢？

如果之前对手都没有叫过牌，那么方块 2-2 分布的概率大约是 40%，而东家拿着四张方块的概率只有 5%。也就是说，如果你采用安全打法，平均每得一个好分就会得八个坏分。不过在本例中，西家已表明在两门高花上都有相当的长度，那概率就有所变化了。计算机模拟结果显示，现在方块 2-2 分布的概率降到了22%，而东家拿着四张方块的概率则猛增到 25%！因此，即使是在双人赛里，你也应该采用安全打法。

总结

* 安全打法的目标通常是要保证庄家在牌张分布恶劣的情况下也能打成定约，这在 **IMP** 制比赛里是非常值得的。但在双人赛里，你往往不能采用安全打法，因为这样会让你在牌张正常分布时丢掉了价值连城的超墩。

* 如果你认为同场牌手大多都会叫到同样的定约，假设潜在的恶劣分布的出现概率明显低于 **50%**，那就不要采用安全打法。

* 请牢记，当某门花色已表明是恶劣分布时，其他花色的分布概率也会发生很大的变化。

小测验

1.

♠9 5
♡J 6
◇9 8 4
♣A K Q 7 6 2

N
W E
S

♠A K 7 3
♡Q 7 3
◇A K 7 5
♣8 4

定约 3NT,西家首攻♠4,东家出♠J。在 IMP 制和 MP 制比赛里,你会怎么打呢?

2.

♠A Q J
♡9 5 3
◇A J 6 2
♣K Q 8

N
W E
S

♠K 4
♡A Q 7 6 4 2
◇Q 10 4
♣A 6

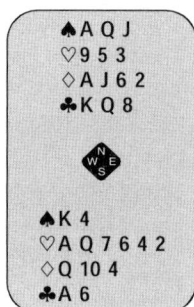

定约 6♡,西家首攻♣10。在 IMP 制和 MP 制比赛里,你会怎么打呢?

3.

♠7 6
♡A K J 6
◇5 4 3
♣K J 6 4

N
W E
S

♠A Q 9
♡Q 7 5
◇A Q
♣A Q 10 9 2

叫牌过程是 2NT-4NT-6NT,西家首攻♡9。在 IMP 制和 MP 制比赛里,你会怎么打呢?

答案

1. **IMP 制**:你有七个顶张赢墩。你应该先送一墩草花,保证在 4-1 分布时也能拿到五墩草花以完成定约。

   MP 制:你无法承受上述的安全打法。草花 3-2 分布的概率高达 68%,所以你应该采用连拔草花大牌的打法。这个打法可以让你在每十副牌里有七次拿到超墩。记住,在 MP 制比赛里,某个打法赢分的概率是一个重要的判断依据。虽然一个超墩只值 30 分,如果草花不是 3-2 分布,打宕定约会让你损失几百分,但这在双人赛里无关紧要。

2. **IMP 制**:方块上有一个潜在输墩,但是可以用黑花色的赢墩垫掉。所以,定约的结果只取决于你对将牌花色的处理方法。如果东家拿着♡K×,那么直接用♡Q 飞就能拿到一个超墩。安全打法是有的:先拔♡A,以防西家拿着单张♡K。如果♡K 没砸下来,你再进到明手出小红心。在 IMP 制比赛里,你显然应该采取安全打法,尽可能增大打成定约的机会。

   MP 制:现在情况就完全不同了。你们联手有 32 个大牌点,而且将牌是 6-3 配合,其他桌估计绝大多数也会叫到满贯。采用安全打法会在 20% 的情况下会损失一个超墩,这是你无法承受的。相反,安全打法得利(击落后手单张♡K)的概率只有 6%。

3. **IMP 制**:假设西家的红心不超过三张,你是有办法保证完成定约的。先消去西家的红心和草花,然后打小黑桃,准备用♠9 飞过。西家用♠J 或♠10 赢进后,只能向你两门花色的 AQ 间张结构中出牌,这样你就有了第 12 墩。

   MP 制:你应该在黑桃和方块中飞牌以博取超墩吗?不!两张 K 都在东家时

你确实能超一而拿到顶分,但如果两张 K 都在西家,你就会宕一。这两种情况的出现概率是相同的。此外,考虑到有牌手会叫 6♣ 或停在局上,你只要打成 6NT 就会得到一个好分。

13
亡羊补牢

在双人赛里，有时你会遇到对手做出了很有想象力的首攻。无论定约最后能否打成，你都担心这个出色的首攻会让你比其他桌的庄家少拿一墩牌。要不然就是，你和同伴叫到了一个比较差劲的定约，可能使你会比其他桌同方向的牌手得分低。

在这些不利情况下，你就必须采取一些冒险的打法以求力挽狂澜。例如，某个飞牌在正常情况下是非常危险的，但这时你就必须要冒险指望飞中才能弥补之前的损失。

遇到犀利首攻后的自救

如果对手做出了一个幸运的首攻，而且你认为其他桌很少会有人攻出这张牌，那你可能就需要启用救援行动了。看看下面这副双人赛里的牌：

南发牌
双方有局

```
                    ♠ A Q 8
                    ♡ Q 5 2
                    ♢ J 10 6 3
                    ♣ 6 5 2
  ♠ K 7 6 4                      ♠ J 10 9 5 3
  ♡ 8 3              N           ♡ 7 6
  ♢ A 7 5 2        W   E         ♢ 9
  ♣ K 9 7            S           ♣ Q J 10 4 3
                    ♠ 2
                    ♡ A K J 10 9 4
                    ♢ K Q 8 4
                    ♣ A 8
```

西	北	东	南
			1♡
不叫	2♡	不叫	4♡
全不叫			

西家对 4♡ 首攻◇A,再出小方块给东家将吃。你对这一幕感到很惊讶,他是怎么找到这个首攻的呢? 现在,你用♣A 吃住东家回攻的♣Q,又清了两轮将牌。下一步你应该怎么打呢?

你估计很少有坐西的牌手会找到这个犀利的首攻。这样,其他庄家就很可能会比你多拿一墩牌,除非你有什么办法能补上这一墩。幸运的是,你确实还有个机会可以补救,那就是飞♠K。当然,黑桃飞不中的话定约会宕掉,但是如果能飞中,你就可以垫掉草花输墩,从而使自己回到大概能拿平均分的状态。

如果♠Q 飞丢给东家的♠K 会怎样? 你会得到底分,但是如果你不飞牌也一样会是底分,因为那样的话你只能拿到 10 墩牌,而赛场上大多数庄家都拿到了 11 墩。所以,飞牌成功的收益很大,而失败的损失很小。

下面这副牌,西家也是做出了一个很有想象力的首攻:

南发牌
南北有局

```
                  ♠Q 6 5
                  ♡Q 10 9 5
                  ◇A J 6 5
                  ♣J 3
    ♠K 7                        ♠A 9 8 4 2
    ♡7 6 2          N           ♡3
    ◇10 9 7      W     E        ◇Q 3
    ♣K Q 9 7 4      S           ♣10 8 6 5 2
                  ♠J 10 3
                  ♡A K 8 4
                  ◇K 8 4 2
                  ♣A
```

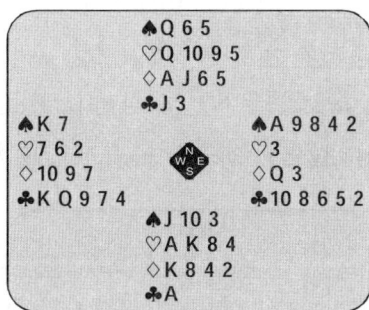

西	北	东	南
			1♡
不叫	3♡	不叫	4♡
全不叫			

你方叫到 4♡,西家勇猛地攻出♠K。东家跟♠9 表示欢迎,用♠A 赢进下一墩,然后再出一张黑桃给同伴将吃。这就是命啊!现在,西家换出♣K,你又该怎么打呢?

如果要完成这个成局定约,你必须要保证方块一墩不输。在 IMP 制比赛里(或者只有一桌的家庭桥牌里),你都应该采用成功率最大的打法:先兑现♢K,再出小用♢J 飞。

那么,在双人赛进行到刚才这一步的时候,你还要这么打吗?不行了!按照这种打法,你可以在西家拿着♢Q××时全取四墩方块。这样你可以拿到十墩牌,但却只能得到接近底分的分数,因为那些没有遭受到黑桃首攻的庄家都能拿到 11 墩牌。所以,你现在的唯一机会就是采取和其他庄家不同的方块打法:击落东家的♢Q。

清光将牌后,你就连打♢A、♢K。如果东家掉出♢Q,你可以拿到+620 分,这是一个平均分。如果西家持♢Q××,你这样要宕二,但是你并没有什么损失!因为你一上来就被连取了三墩,那无论如何你都会输给那些拿到了+650 的庄家。

很多牌手不愿意首攻将牌,而在下面这副牌里,你不幸遇到了一位首攻将牌的对手。

东发牌

双方无局

```
                    ♠Q J 6
                    ♡6
                    ♢A J 9 8 3
                    ♣A J 7 5
     ♠A 3                        ♠7 5 2
     ♡Q 10 9 4 2     N           ♡A K 3
     ♢10 7 6      W     E        ♢K Q 5 4
     ♣10 3 2         S           ♣8 6 4
                    ♠K 10 9 8 4
                    ♡J 8 7 5
                    ♢2
                    ♣K Q 9
```

西	北	东	南
		1♢	1♠
加倍	4♠	全不叫	

西家首攻将牌 A,然后再出一墩将牌。面对这个出色的首攻,你接下来准备怎么打呢?如果不是这个棘手的首攻,你本来可以让明手将吃一墩红心,从而拿到十墩牌。那现在你要怎么打才能挽回损失呢?

你要在第一墩时解封掉明手的♠J,然后手里吃进第二墩将牌。你有四墩黑桃、四墩草花和◇A,加起来只有九墩牌。在第三墩上,你出一张小方块,明手摆◇8,希望西家持◇10。这次运气不错,东家用◇Q吃了。

东家打回第三轮将牌,你让明手赢进,然后兑现◇A,垫一张红心,再出◇J。东家盖上◇K,你将吃,西家的◇10被击落。现在你只需要连打三轮草花和两墩已经树立好的方块,垫掉剩下的三张红心,就可以拿到一个不可思议的超墩了。

(这副牌也可以放在"双人赛的防守"这一部分里来讲。如果东家想吃到红心赢墩,他就必须在调出明手最后一张将牌之前的第三墩时先兑现!)

叫错定约后的自救

明手摊牌后,你发现自己没有叫到双人赛里的最佳定约。我们都有过这种经历!不过,与其认定自己肯定要吃坏分,不如先看看还有没有补救的机会。

南发牌

东西有局

```
                    ♠6 4
                    ♡Q 7 3
                    ◇Q 10 9
                    ♣J 10 8 6 5
    ♠Q J 10 9 3                  ♠A 7 5 2
    ♡9 2            N            ♡6 4
    ◇7 4 2        W   E          ◇K 8 5 3
    ♣9 4 3          S            ♣K Q 7
                    ♠K 8
                    ♡A K J 10 8 5
                    ◇A J 6
                    ♣A 2
```

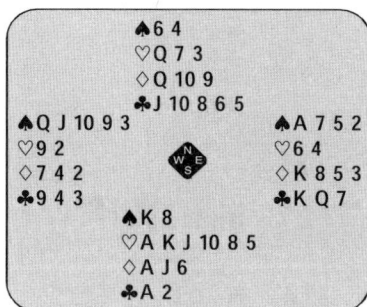

西	北	东	南
			2♣
不叫	2◇	不叫	2NT
不叫	3NT	全不叫	

你拿着南家的牌没有开叫 1♡，也不愿意在 2♣-2♦ 之后叫出 2♡ 来建立进局逼叫进程。不管对错，总之你决定开叫 2♣，然后再叫 2NT。同伴加叫到 3NT，西家首攻♠Q，东家出♠A，然后再回出一张黑桃。现在你用♠K 吃进，然后停下来分析一下局势。

你有一墩黑桃、六墩红心、一墩方块和一墩草花，这是九墩牌，能得到 +400 分。如果是 IMP 制比赛，这就足够了。但是现在是双人赛，而其他桌肯定大多数都会打 4♡。根据方块飞牌的结果，这个定约能得到 +420 或 +450 分。所以，如果你打 3NT 只能拿到九墩，那就必输无疑。即使现在黑桃已经门户大开，方块飞丢的话 3NT 就要宕，你也必须闭着眼睛飞过去！

按上面所示的牌张分布，方块飞牌成功了，你拿到 +460 分，这是一个顶分。如果方块飞不中呢？那么你要宕一墩，得 -50 分，但是这个结果和 +400 分几乎没有区别。飞不中◇K 你几乎没有损失，但飞中的话你几乎就能独享顶分了。

发现恶劣分布后的自救

有的时候你叫到了一个好定约（是的，这种情况会发生的……），但是在前几墩你就发现了牌张的分布恶劣。在双人赛里，其他庄家肯定也会遇到相同的问题。那你就要仔细琢磨了：现在还有什么能挽救定约的手段吗？用下面这副牌考考你自己：

南发牌

东西有局

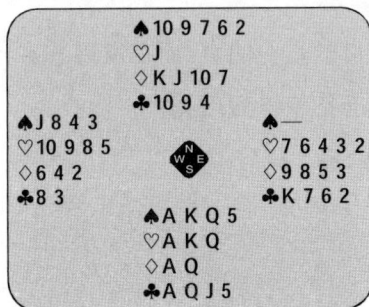

西	北	东	南
			2♣
不叫	2◇	不叫	6NT
不叫	7NT	全不叫	

不管对手怎么看你们的叫牌进程，至少他们无法指责你们通过曲折漫长的进程来拖延时间。面对你们的 **7NT**，西家首攻♡10，你看到了五墩黑桃、三墩红心、四墩方块和♣A，加起来正好是完美的十三墩！

你用♡A吃进，拔♠A，然后……东家垫了一张红心。你们漂亮地叫到一个在双人赛里无敌的定约，结果却是这种回报？你准备怎么办呢？

由于现在你只能取到三墩黑桃，因此你就必须要拿到三墩草花(只能飞牌。而如果是打 **6NT** 的话，就没有必要冒险做这个飞牌)。你打◇A，然后用◇K超吃◇Q，兑现◇J，手里垫掉♠5。现在你继续出◇10，手里应该垫什么呢？

如果你不小心垫了♣5，那你只能用手里的♣Q或♣J吃进第一墩草花，但你就无法再飞第二次草花了。因此，你必须扔掉手里的♣J(或♣Q)，然后出♣10飞，只要东家不盖，你就手里跟♣5。这样，飞牌成功后出牌权还留在明手，可以继续飞第二轮草花，从而拯救了这个定约。**7NT** 总算是打成了，好定约终于得到了应有的回报。

预防恶劣分布

发现恶劣分布后开展自救是一回事，而在发现恶劣分布之前就提前准备则是另一回事。下面这副牌你准备怎样做庄呢？

双人赛,南发牌

南北有局

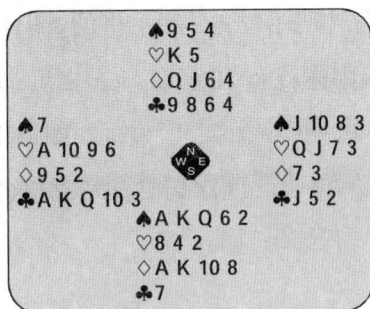

```
                    ♠9 5 4
                    ♡K 5
                    ◇Q J 6 4
                    ♣9 8 6 4
     ♠7                          ♠J 10 8 3
     ♡A 10 9 6        N          ♡Q J 7 3
     ◇9 5 2        W   E         ◇7 3
     ♣A K Q 10 3      S          ♣J 5 2
                    ♠A K Q 6 2
                    ♡8 4 2
                    ◇A K 10 8
                    ♣7
```

西	北	东	南
			1♠
加倍	2♠	不叫	4♠
全不叫			

西家首攻♣K。按照他们的约定，这张牌的意思是要求同伴给出张数信号（♣A 则是要求给出姿态信号）。东家跟♣2,表示奇数张。你将吃西家续打的♣A 之后,打了一张红心到♡K,吃到了。东家吃进了第二轮红心,然后回出♣J,你将吃,再出一张红心给明手将吃。现在你出将牌给手里的♠A,两个防家都跟了。下面应该怎么出呢?

如果将牌是 3-2 分布,你就可以直接清光将牌,拿到五墩黑桃、四墩方块、♡K 和一墩红心将吃,得到+650 分。如果是这样,你当然可以满意。将牌 3-2 分布的概率是多大呢? 教科书上说大约是 68%,没错,但这个概率并没有把其他的干扰信息计算在内。从已经出过的牌来看,西家有♣AKQ103,但他并没有争叫 2♣,而是叫了加倍,因此你可以认为他还有四张红心。如果他是 3-4-1-5 牌型,那他基本上是不会加倍的。也就是说,西家拿着三张黑桃的可能性,即将牌 3-2 分布 68%概率中的一半,已经可以排除掉了。而有些牌手在自己是 2-4-2-5 牌型时也不会加倍。换句话说，现在从概率上将牌更有可能是 4-1 分布的。那你应该怎么打呢？

你应该先不动将牌，留住明手的 ♠9 和手里的 ♠KQ（东家有 ♠J108），先打三轮方块，东家只能将吃，否则你就有 10 墩牌了。之后，如果他打出第四轮红心，你就可以用明手的 ♠9 将吃，也可以拿到十墩牌；如果他回出将牌，你就顺势清光所有将牌，再兑现第四墩方块。打得漂亮！那些没有像你一样做细致分析，只是打将牌 3-2 分布的牌手，其结果只能是宕一。

总结

* 在双人赛里，如果你没叫到最佳定约，或者防家做了一个不同寻常但却很有威胁的首攻，那你就需要想出办法来挽回损失。

* 一种可能的补救办法，就是冒险去做一个飞牌，而这个飞牌是你正常情况下要避免的。如果飞牌不中，你几乎没有什么损失，因为比其他人少拿一墩还是两墩你都会得到同样的差分。

* 另一种可能的办法是在某门花色上采取略微"反概率"的打法。例如，如果你认为别的庄家都会飞牌，那你就选择敲下大牌的打法。

* 遇到某门花色的恶劣分布时，不要气馁，因为其他庄家也会面临同样的困境。你也许可以在其他花色中寻找有利分布，从而挽救定约。如果定约没有可能打成，你也必须要尽力将定约打成只宕一。

小测验

1.

双人赛,南发牌

双方无局

♠A 6
♡K 8 7 4
♢10 8 7 2
♣A 4 2

```
      N
    W   E
      S
```

♠5 3
♡A Q J 10 5
♢A Q
♣K Q J 10

西	北	东	南
			1♡
不叫	3♡	4♠	5♣
不叫	6♡	全不叫	

西家首攻♠2,你用明手的♠A赢进,然后打一张将牌。东家垫了一张黑桃。现在你准备怎么打这个满贯呢?

2.

双人赛,南发牌

双方有局

♠ A J 10 8 2
♡ A 9
◇ 8 6 5
♣ K 8 3

♠ K 9 7
♡ 10 6 5 2
◇ A K 7 4
♣ A 4

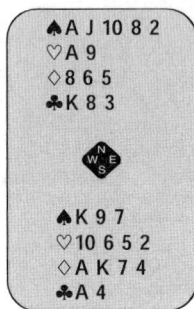

西	北	东	南
			1◇
不叫	1♠	不叫	1NT
不叫	3NT	全不叫	

西家首攻♣Q,你准备怎么打这个 3NT 呢?

答案

1.

双人赛,南发牌

双方无局

```
                    ♠A 6
                    ♡K 8 7 4
                    ◇10 8 7 2
                    ♣A 4 2
  ♠2                              ♠K Q J 10 9 8 7 4
  ♡9 6 3 2          N            ♡—
  ◇K J 6 5 3      W   E          ◇9 4
  ♣7 5 3            S            ♣9 8 6
                    ♠5 3
                    ♡A Q J 10 5
                    ◇A Q
                    ♣K Q J 10
```

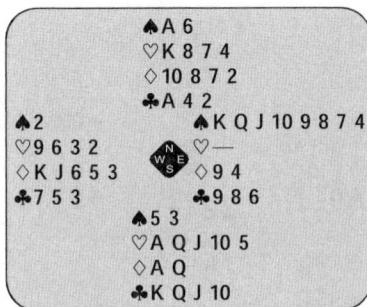

对抗 6♡,西家首攻♠2。只要将牌不是 4-0 分布,你就可以清光对手的将牌,然后用第四张草花垫掉明手一张黑桃,再将吃一张黑桃,拿到 12 墩牌。但是,在你出第一张将牌时,东家就垫牌了。这时你只能调三轮将牌,然后打四轮草花,垫掉明手的♠6。如果西家将吃第二轮或第三轮草花,他就只能向你的◇AQ 间张出牌。

2.

双人赛,南发牌

双方有局

```
              ♠A J 10 8 2
              ♡A 9
              ◇8 6 5
              ♣K 8 3
♠4                           ♠Q 6 5 3
♡Q 8 4          N            ♡K J 7 3
◇J 10 3 2     W   E          ◇Q 9
♣Q J 10 9 4     S            ♣6 5 2
              ♠K 9 7
              ♡10 6 5 2
              ◇A K 7 4
              ♣A 7
```

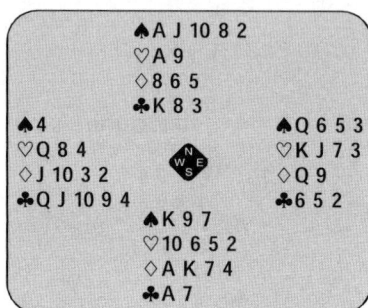

对抗 3NT,西家首攻♣Q。很多北家都会使用重询斯台曼约定叫,最后停在 4♠上。他们可以让南家将吃一墩草花,然后拔♠K,再出黑桃用♠J飞。如果将牌飞中,那么庄家可以拿到 11 墩,也就是+650 分。你最好的成功机会就是反向飞黑桃,用♣K 赢进首攻,然后起♠J。如果♠Q 在东家,你就能拿到+630 分,而打 4♠的庄家只能拿到+620 分(黑桃飞中之后,你应该送掉一墩方块,然后看看能不能在方块上多得一墩,这样就有可能拿到+660 分)。

14
寻找超墩

一个超墩价值几何？如果是 IMP 制比赛，一个超墩的 20 分或 30 分也许能让你多得 1IMP。但在双人赛里，这么一点点的分差有可能会价值半个顶分！看看以下这副牌：

南发牌

双方无局

```
                  ♠10 2
                  ♡J 6 5
                  ♢9 7 2
                  ♣A K Q 10 2
   ♠K Q J 9                      ♠7 4 3
   ♡9 7 3 2          N           ♡K Q 8 4
   ♢Q 10 4        W   E          ♢J 8 6
   ♣6 4              S           ♣J 8 5
                  ♠A 8 6 5
                  ♡A 10
                  ♢A K 5 3
                  ♣9 7 3
```

西	北	东	南
			1NT
不叫	3NT	全不叫	

北家很正确地直接加叫到 3NT。拿着这样一手没有满贯兴趣的牌，介绍草花套是毫无意义的，因为打 3NT 拿九墩牌要比打草花成局定约拿 11 墩牌更有

希望。在双人赛里，还有一个因素是必须要考虑的：3NT 的庄家只要拿到 10 墩牌就会比打 5♣ 拿到 11 墩牌的庄家分高。现在西家首攻♠K，你准备怎么打？

你并不害怕防家换攻其他花色，因此应该忍让黑桃到第三轮再用♠A 吃。东家三次都跟出了，所以西家现在只剩下一个黑桃赢墩。你继续出♣AK，很高兴地看到了两个防家都跟牌了。现在你已经九墩牌在手，是该满足了呢，还是继续寻找超墩的机会呢？

在双人赛里，在 +400 分的基础上努力得到 +430 分是非常重要的。你觉得拿第十墩牌的机会在哪里？看看方块套，如果这门花色是 3-3 分布(概率为 36%)，那么你就可以建立起一墩方块。但在这个过程中你必须要先送一墩方块，而西家就很可能会吃进这一墩，然后兑现黑桃赢墩(即使西家持◇J××，东家也可以在◇AK 下垫掉◇Q 让同伴进手。由于你没有飞方块，他可以认定◇J 在西家手里。)

还有一个更好的机会，就是东家拿着♡K 和♡Q。打过两墩草花之后，你从明手出红心，准备用♡10 飞。如果东家确实有两张红心大牌，那么他无论是否扑上大牌，结果都是一样的。你可以用♡A 吃进，然后再顶掉他的另一张红心大牌。如果你的♡10 输给西家，那你也不会有什么损失。他虽然可以兑现一个黑桃赢墩，但你还是能拿到 +400 分。

当牌张如上图分布时，记分表可能就会是这样的：

南北	东西	定约	庄家	结果	南北得分	东西得分	南北 MP	东西 MP
1	5	3NT	南	9	400		3	4
2	4	3NT	南	10	430		6.5	0.5
3	7	5♣	北	10		50	0	7
4	1	3NT	南	9	400		3	4
5	6	3NT	南	9	400		3	4
6	3	5♣	北	11	400		3	4
7	8	3NT	北	9	400		3	4
8	2	3NT	南	10	430		6.5	0.5

你是南北 2 号牌手,打 3NT 得到了一个超墩,和另外一对牌手分享了 6.5 的顶分(满分 7 分)。就像经常发生的那样,这个超墩让你在这副牌上多拿了 3.5MP,价值半个顶分。

两对牌手叫到了错误的 5♣ 定约,其中一对没有遇到黑桃首攻,从而得以用第 13 张方块垫掉了一张黑桃,侥幸打成定约。

谁都知道 +430 分会比 +400 分多得不少比赛分。在这副牌里,你可以在不冒任何风险的前提下寻求超墩。那么现在问题来了:如果想拿超墩的打法可能会让定约宕掉,你应该冒这个险吗? 让我们来仔细看看下面这个 3NT 定约:

双人赛,北发牌

南北有局

```
                    ♠ 5 2
                    ♡ A Q 6
                    ◇ A Q J 10 9 5
                    ♣ A 7
      ♠ 10 9 8 3              ♠ K Q J 7 6
      ♡ J 9 4         N       ♡ K 8 5
      ◇ 8 6         W   E     ◇ 7 3
      ♣ K 10 9 4      S       ♣ Q 6 5
                    ♠ A 4
                    ♡ 10 7 3 2
                    ◇ K 4 2
                    ♣ J 8 3 2
```

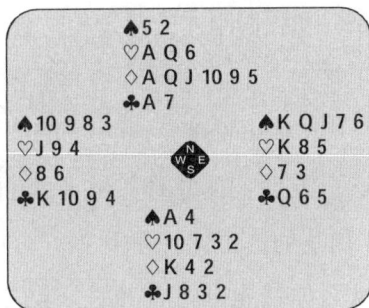

西	北	东	南
	1◇	1♠	加倍
2♠	3◇	不叫	3NT

全不叫

你从负加倍起步,最后叫到 3NT 定约碰碰运气,寄希望于方块长套的赢墩。现在西家首攻♠10,东家跟♠7,你应该怎么打呢?

你有九个快速赢墩,打成定约是没有问题的。那么,你应该为了把 +600 分变成 +630 分而去尝试飞红心吗?

我们首先应该问自己一个问题：你打的是一个正常的定约吗？你们联手有25个大牌点，还有一个质量极好的六张方块套。因此，你可以估计到绝大多数牌手都会叫到最理想的 3NT 定约，然后可能会有个别牌手停在方块的部分定约上。具体的比例很难估计，但是你可以认为+600 分能得到大约 60% 的比赛分。假设你飞红心，并且中了，那么+630 分大概能让你得到 90% 的比赛分。如果红心飞牌失败，3NT 要宕掉，你的得分就会非常低，也许只有 10% 的比赛分。如果我们现在假设红心飞牌的成功几率是 50%，那么你采取飞牌路线的平均得分是50%（一半 90%+一半 10%），并没有确保九墩牌得 60% 比赛分的得分高。

现在你必须问自己另外一个问题：红心飞中的概率是多少呢？西家加叫 2♠显示了一定实力，他有可能有♡K，也可能没有。如果东家有♠KQJ××，那么红心飞牌的机会可能很接近 50%，和我们刚才的假设相吻合。

所以，你现在已经有了答案。上面的计算是非常粗略的，但你仍然可以得出结论，那就是飞红心的路线从长远来看是要输的。问题的关键在于，飞牌很有可能会让你吃到底分。在双人赛中，我们的总体策略是靠自己出色的表现或对手的失误拿几个顶分，然后在剩下的牌里保证拿到平均分或稍高于平均分的分数。如果你能做到这个要求，那么你就能得到 60% 的分数，让你有机会拿到冠军。

有的时候，飞牌确实是有风险的，但是你能判断出它的成功率高于 50%：

双人赛，西发牌

南北有局

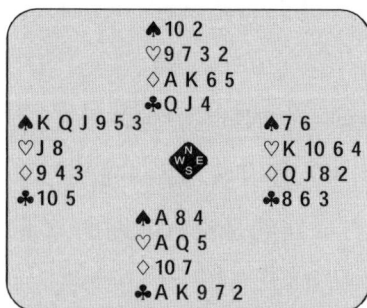

西	北	东	南
2♠	不叫	不叫	2NT
不叫	3NT	全不叫	

　　西家曾经开叫过弱二的 2♠,然后对 3NT 定约首攻♠K。你有九个快速赢墩,所以定约是安全的。随后,你的思路就转到了如何拿到超墩上面。你准备怎么打呢?

　　如果东家持有♡K,你飞红心就可以拿到超墩。那么这个飞牌的成功率是多少?西家的黑桃质量很好,开叫 2♠ 绰绰有余。他可能有♡K,也可能没有,但两个轻微的迹象表明♡K 更有可能是在东家手里:第一,如果西家有♡K,再有一张方块大牌,他就应该开叫 1♠ 而不是 2♠ 了;第二,东家除黑桃以外的花色有 11 张牌,而西家黑桃以外的花色只有 7 张。这样,两人持有任意一张黑桃以外花色的牌的概率比都是 11 比 7。

　　你不惧怕任何换攻,因此忍让到第三轮才用♠A 吃住,然后连打五轮草花。西家跟出了两张,然后垫掉两张方块和一张黑桃。你用◇K 进入明手,西家跟出了最后一张方块。现在做抉择的时候到了:你是应该飞♡Q 呢,还是打小到♡A,满足于九墩牌呢?

　　在做决定之前,你应该把另外一个方块大牌也拔掉,让西家只剩下三张牌。如果他垫掉一张黑桃,那么他剩下的三张牌就是一张黑桃和两张红心,这样飞红心就变成很安全的了!如果他垫掉一张红心,剩下两张黑桃和一张红心,你又该怎么办呢?

　　如果是 IMP 比赛,你根本就不应有任何冒险的想法(如果西家留两张黑桃和单张♡K,你飞牌就会使定约宕掉)。只有在确保+600 无忧的情况下,你才能考虑能不能再多拿 30 分。但在双人赛里,你应该飞牌!西家看起来像是 6-2-3-2 牌型,两张红心,这样东家就有四张。东家有♡K 的概率是西家的两倍。要是飞牌的话,你每三副牌中有两副能多拿半个顶分,另外一副会损失半个顶分。如果用安全打法直接拔♡A,那概率就反过来了,你每三副牌里会有两副损失半个顶分。另外,敢于把♡K留成单张的牌手并没有那么多,这更加大了你飞牌得利的概率。

在本章的最后,我们介绍这样一副牌例:很多牌手在打这副牌的时候甚至没有意识到存在超墩的机会。

双人赛,南发牌

双方无局

```
                    ♠ K Q 10
                    ♡ 10 8 4
                    ◇ A 9 7 3
                    ♣ K 9 2
    ♠ 9 6 3                        ♠ 8 2
    ♡ A 6 2              N          ♡ K Q J 9
    ◇ K Q J 4         W   E        ◇ 10 8 6 2
    ♣ 8 5 4              S          ♣ 10 6 3
                    ♠ A J 7 5 4
                    ♡ 7 5 3
                    ◇ 5
                    ♣ A Q J 7
```

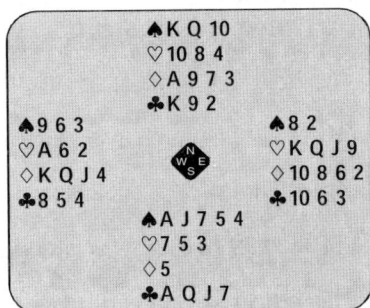

西	北	东	南
			1♠
不叫	2◇	不叫	2♠
不叫	4♠	全不叫	

你方叫到4♠定约,西家首攻◇K,你怎么打?

有的牌手可能会说:"傻子牌,五墩黑桃、四墩草花,加上◇A。就这十墩牌,没别的想头了!"

那他们就都错了。如果将牌是3-2分布,你可以采取反明手路线,用南家的牌将吃三次方块。明手的三墩将牌、三墩将吃,再加上五个低花赢墩,你一共能拿到11墩。

赢进方块首攻后,你手里将吃一墩方块,出黑桃到♠10,再用♠J将吃一墩方块。现在你打第二轮将牌回到明手(愉快地发现防家都跟了),再用♠A将吃最后一墩方块。最后,你打草花到♣K,清掉最后一张将牌,再吃三墩草花,拿到 11 墩牌。

　　这个打法在将牌不是 3-2 的时候会宕一墩,所以在 IMP 制比赛里你不能冒险采取这条路线。但是,由于 3-2 分布的概率是 68%,因此在双人赛里,你就应该大胆搏取超墩。你有 68%的机会和其他拿到 11 墩的牌手共享顶分。如果将牌不是 3-2 分布,那么在草花分布有利的时候你能拿到十墩,否则就只有九墩。

总结

* 如果全场的绝大多数牌手都打同样的定约，那么一个超墩的价值相当于半个顶分。

* 只要成功率超过 **50%**，你就可以冒着定约宕掉的风险去搏取超墩（这和你判断其他桌是否会叫这个定约的方法并没有本质的区别）。

* 举个例子，如果你获取超墩的机会是将牌 **3-2** 分布（**68%**），而将牌不是 **3-2** 分布时则会宕一墩（**32%**），你就应该采用这个打法。

* 如果你叫到了一个好定约，而且认为其他桌并不会有很多人也叫到了，那一般来说你不应该采取可能会宕掉定约的冒险打法。（参见第 **16** 章——好定约的做庄）

小测验

1.

```
♠8 6 4
♡10 8 7 6
♢9 7 5 3
♣K 6

        N
      W   E
        S

♠A K
♡A 5
♢A K 2
♣A Q J 10 5 4
```

西	北	东	南
			2♣
不叫	2♢	不叫	3♣
不叫	3♢	不叫	3NT
全不叫			

双人赛,定约 **3NT**,西家首攻♠Q。你准备怎么打呢?

2.

```
♠8 6 5 2
♡A K 7
♢9 8 3
♣A 10 2

        N
      W   E
        S

♠A K Q J 9
♡10 5 4 2
♢A K 7
♣9
```

西	北	东	南
			1♠
不叫	3♠	不叫	4♠
全不叫			

双人赛,定约 **4♠**,西家首攻♡6。你用明手的♡A 吃,打将牌到♠A。东家垫掉♣3。下面你准备怎么打呢?

185

3.

```
♠K 6
♡Q 6 2
♢A 9 4
♣K Q 9 8 6

      N
    W   E
      S

♠A Q 5
♡K 10 5 4
♢Q 6 2
♣J 10 4
```

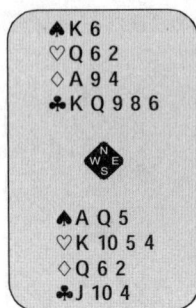

西	北	东	南
1◇	2♣	不叫	2NT
不叫	3NT	全不叫	

双人赛,定约 3NT,西家首攻♠3。你用♠K 吃住,打♣K。西家用♣A 吃,然后再出黑桃。之后,西家表明有三张草花。你有什么办法超额一两墩完成定约吗?

4.

```
♠Q 10 8 2
♡A J
♢A 7 3
♣K Q 6 3

      N
    W   E
      S

♠A K J 9 6 3
♡7 4 3
♢10 8 6
♣2
```

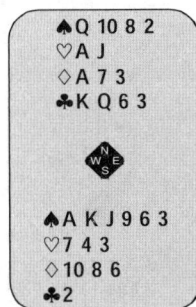

西	北	东	南
			2♠
不叫	4♠	全不叫	

双人赛,定约 4♠,西家首攻♣J。在这个友好的首攻之后,十墩牌已经很容易拿了。那么你有机会拿到超墩吗?

答案

1.

```
                    ♠8 6 4
                    ♡10 8 7 6
                    ◇9 7 5 3
                    ♣K 6
   ♠Q J 10 3                      ♠9 7 5 2
   ♡Q 9 3          N              ♡K J 4 2
   ◇J 8 6 4      W   E            ◇Q 10
   ♣7 3            S              ♣9 8 2
                    ♠A K
                    ♡A 5
                    ◇A K 2
                    ♣A Q J 10 5 4
```

西家对 **3NT** 首攻♠Q,你用♠A 吃。定约打成是没有问题的,所以你必须寻找超墩。你有 **11** 个顶张赢墩,而获得第 **12** 墩牌的主要希望是方块 **3-3**。在有些情况下,你可能会从手上出◇**2**,希望稍后兑现◇**AK**,然后再用第二轮草花进入明手。不过在这里还有一个稍微好些的打法:先拔◇**AK**,再出第三张方块。这个打法在东家拿着◇**QJ**、◇**Q10** 或◇**J10** 时也能拿到第 **12** 墩。

2.

```
                    ♠8 6 5 2
                    ♡A K 7
                    ◇9 8 3
                    ♣A 10 2
   ♠10 7 4 3                      ♠—
   ♡6              N              ♡Q J 9 8 3
   ◇Q 10 6 5     W   E            ◇J 4 2
   ♣Q 8 7 5        S              ♣K J 6 4 3
                    ♠A K Q J 9
                    ♡10 5 4 2
                    ◇A K 7
                    ♣9
```

西家对 **4♠**首攻♡**6**。你用♡**A** 赢进,然后打一张将牌到♠**A**,发现东家垫了草花。为了拿到超墩,你朝明手打了一张红心。如果西家将吃,他将吃的只是一个输墩,你可以清将牌后将吃最后一墩红心。如果西家垫牌,你就上♡**K**,然后再送出一张红心。如果东家回出方块,你就吃住,连打♠**KQ**,再出最后一张红心。如果西家用♠**10** 将吃,你就垫掉明手一张方块,最后再将吃一张方块,拿到超墩。

3.

```
            ♠K 6
            ♡Q 6 2
            ◇A 9 4
            ♣K Q 9 8 6
♠10 7 4 3              ♠J 9 8 2
♡A 9          N        ♡J 8 7 3
◇K J 10 3   W   E      ◇8 7 5
♣A 7 3         S       ♣5 2
            ♠A Q 5
            ♡K 10 5 4
            ◇Q 6 2
            ♣J 10 4
```

　　西家开叫过 1◇,并对 3NT 首攻♠3。你用♠K 吃,然后出♣K,西家♣A 赢进,再出黑桃到你的♠Q。你打♣J10,西家都跟小。你再出一张小红心,西家跟♡9,明手的♡Q 赢到这一墩。如果西家有四张黑桃,那么他的牌型像是 4-2-4-3。在下一轮红心上,东家跟♡7,你应该出♡5! 西家的♡A 被放了下来,稍后你再飞♡J,拿到 +660 分和双人赛中的顶分。

4.

```
            ♠Q 10 8 2
            ♡A J
            ◇A 7 3
            ♣K Q 6 3
♠4                    ♠7 5
♡K 9 5       N        ♡Q 10 8 6 2
◇Q 5 2      W   E     ◇K J 9 4
♣J 10 9 7 5 4  S      ♣A 8
            ♠A K J 9 6 3
            ♡7 4 3
            ◇10 8 6
            ♣2
```

　　定约 4♠,西家首攻♣J。这个友好的首攻让你可以用草花大牌垫掉一张方块。那么你有超墩的机会吗?有的! 第一墩你应该让明手放小,希望东家的草花是♣Ax。假设西家换攻方块,你用◇A 赢进,然后♠A 和♠10 调两轮将,再从明手出小草花,放下东家的♣A! 这样的话你就可以用♣KQ 垫掉手里的两张方块,从而拿到一个超墩。如果两轮草花之后♣A 没掉下来,你就将吃飞草花,完成定约。

15
牺牲叫后的做庄

本章要讨论的是怎么处理牺牲叫后的做庄问题。在这种情况下,你心中要给自己设定一个最多宕几墩的目标,然后以此设计做庄路线。在双人赛里,你所设定的目标可能要取决于你对其他桌结果的预判。假设你拿着南家的牌:

东发牌

双方无局

```
                  ♠ 10 7 4
                  ♡ 5 2
                  ◇ A K 9 4 3
                  ♣ 7 5 4
   ♠ 5                        ♠ Q 8 6
   ♡ J 9 8 4         N        ♡ A K Q 10 6
   ◇ Q J 7        W   E       ◇ 10 5
   ♣ A 10 8 6 2      S        ♣ Q J 9
                  ♠ A K J 9 3 2
                  ♡ 7 3
                  ◇ 8 6 2
                  ♣ K 3
```

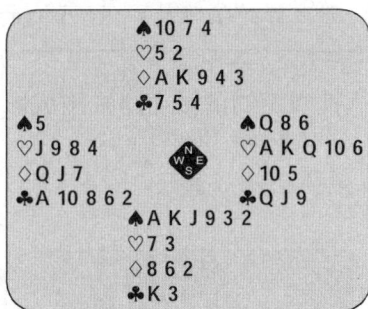

西	北	东	南
		1♡	1♠
4♡	4♠	加倍	全不叫

西家对你的 4♠ 牺牲叫首攻 ♡4,东家用 ♡Q 吃,兑现 ♡A,再换攻 ♣Q。你无奈地盖上 ♣K,西家用 ♣A 赢进,再出草花给同伴的 ♣J。现在东家回出第三轮草花,往后你要怎么打呢?

你已经输了四墩,加上一个铁定的方块输墩,就是五墩牌了。现在你必须决定将牌的打法。当你拔♠A时,防家都跟小牌。你是准备砸♠Q呢,还是过到明手去飞♠Q呢?

你应该在第二轮将牌时飞♠Q,有两个很好的理由:首先,如果将牌是2-2分布,那你们就很可能会拿到两墩黑桃和两墩方块而打宕对手的4♡。但如果真是这样的话,即使你的4♠只宕二吃到-300,无论如何你们都会是个坏分。其次,西家用一手弱牌跳叫到4♡,也说明他黑桃单张的可能性比较大。

所以你用◇A进到明手,然后出黑桃用♠J飞。漂亮,西家示缺了!你把自己的罚分控制在了-300,更为重要的是,其他桌打4♡的人都会拿到420分。因此这副牌你们肯定拿到了一个好分数。

扩展阅读

假设你牺牲叫4♠,宕两墩得-300分。如果这时你发现对手的4♡其实是打不成的,那么你的牺牲就叫做"虚幻的牺牲"。

有些时候,局况会对牺牲叫定约的做庄路线构成影响。

东发牌

双方有局

```
              ♠J 8 5 3
              ♡7 4 3
              ◇A K J
              ♣6 3 2
♠A 9                          ♠7
♡Q 10 5            N          ♡A K J 9 8
◇9 8 6 2       W     E        ◇Q 10 5 4
♣Q J 10 7          S          ♣K 9 5
              ♠K Q 10 6 4 2
              ♡6 2
              ◇7 3
              ♣A 8 4
```

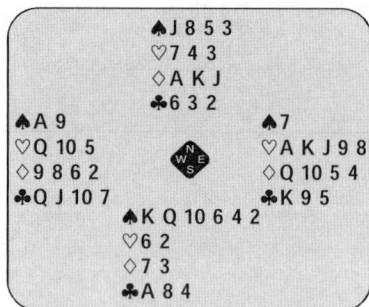

西	北	东	南
		1♡	2♠
4♡	4♠	加倍	全不叫

你打4♠加倍定约,西家首攻♣Q,你准备怎么打呢?

如果你吃进第一轮或第二轮草花,然后清将,那么防家能拿到五墩牌,罚分为500。问题在于:你要在清将之前飞◇Q,希望用方块赢墩垫掉手里的一个输张吗?

在双有局的情况下,答案是:不行!不管其他桌打4♡的结果会怎样,你输200分还是500分都是没有什么区别的,但是如果方块飞牌失败,罚分变成了800,那就有区别了,因为这超过了对手打成4♡所能获得的分数。

假设你拿着这副牌在有局对无局时用4♠牺牲(可能是不明智的),吃到了-500的罚分,而对手打成局也只能得+420分,那你这副牌的得分就会糟糕透了。所以在这种情况下,你就必须飞方块,希望把罚分压缩到-200,击败其他桌上那些得-420分的同方向牌手。

好了,现在测试一下自己:

双人赛,东发牌

双方无局

```
                    ♠ K 7 5
                    ♡ 4
                    ◇ 8 6 4 2
                    ♣ J 10 9 4 2
    ♠ 10 3                          ♠ 9 6 2
    ♡ Q 7 5 2          N            ♡ A K J 10 3
    ◇ K 9 5 3       W     E         ◇ J 10 7
    ♣ K Q 7           S            ♣ A 6
                    ♠ A Q J 8 4
                    ♡ 9 8 6
                    ◇ A Q
                    ♣ 8 5 3
```

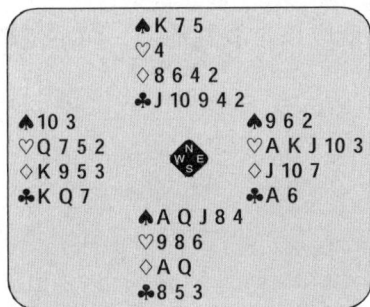

西	北	东	南
		1♡	1♠
2♠	3♠	4♡	4♠
加倍	全不叫		

东家赢进同伴首攻的红心,然后换出将牌。你准备怎么打呢?

你用手里的♠J吃,然后将吃一墩红心。现在你必须决定是否飞◇Q。如果飞牌失败,防家就会消掉明手的最后一张将牌,使定约宕三,你们-500分。反之,如果飞牌得手的话,你们只-100分。如果4♡是打不成的,你方得任何的负分都是差分,而如果4♡能让东西方得420分,你就应该满足于-300分。所以,正确的打法是打方块到◇A,再将吃一墩红心。

总结

* 打一个牺牲叫定约时,你需要考虑哪种特定的分布会让对手的定约打不成。因为"虚幻的牺牲"很可能会让你方得分很差。所以你在做庄时应该考虑其他的分布情况。

* 如果对手的定约像是能打成,你必须尽力将罚分控制在少于对手打成定约的分数范围内。为了达成这一目标,即使冒着多宕一墩的风险也是值得的。

* 如果你方的配合特别好,你估计其他桌大多也会叫到同样的牺牲叫定约,那么你的做庄目标就应该是战胜他们,而不是战胜那些选择防守定约的牌手。

小测验

1.

西发牌

双方无局

```
        ♠Q 10 5
        ♡10 6
        ◇A 4 3 2
        ♣A 8 3 2

            N
          W   E
            S

        ♠A K J 4 3
        ♡4 2
        ◇9 8 5
        ♣7 5 4
```

西	北	东	南
1♡	不叫	2♡	2♠
4♡	4♠	加倍	全不叫

双人赛。西家首攻♡A,继续♡K,然后换出♣Q。你准备怎么打呢?

2.

东发牌

双方无局

```
        ♠K 2
        ♡8 5 3
        ◇Q J 5 4
        ♣Q 10 6 3

            N
          W   E
            S

        ♠A J 9 8 5 4
        ♡Q
        ◇K 9 6 3
        ♣J 7
```

西	北	东	南
		3♡	3♠
4♡	4♠	不叫	不叫
加倍	全不叫		

双人赛。你可能不会拿着北家的牌叫 4♠,不过现在假设北家叫了。西家首攻♣K (东家跟♣2 表示奇数张),然后换出♡K,吃到后再出一张红心。你准备怎么打呢?

答案

1.

西发牌

双方无局

```
              ♠Q 10 5
              ♡10 6
              ◇A 4 3 2
              ♣A 8 3 2
♠7                          ♠9 8 6 2
♡A K 8 7 5 3      N         ♡Q J 9
◇K Q 10       W     E       ◇J 7 6
♣Q J 9            S         ♣K 10 6
              ♠A K J 4 3
              ♡4 2
              ◇9 8 5
              ♣7 5 4
```

如果黑桃是 4-1 分布，东西的 4♡ 就能打成，那么你宕两墩得-300 会是好分。西家拿到两墩红心后换出♣Q，你忍让。现在如果西家打◇K，你必须再次忍让。之后，假设西家再出♣J，你用♣A 吃住后清将，然后送一墩草花。如果草花是 3-3 分布，你就可以垫一张方块，得到目标中的-300 分。如果你没有忍让，而是在某一门低花的第一轮牌时就吃住，那么对手就会有时间做出他们在另一门低花里的赢墩了。

2.

东发牌

双方无局

```
              ♠K 2
              ♡8 5 3
              ◇Q J 5 4
              ♣Q 10 6 3
♠Q 10 7 3                   ♠6
♡K 7             N          ♡A J 10 9 6 4 2
◇A 10 8      W     E        ◇7 2
♣A K 9 4         S          ♣8 5 2
              ♠A J 9 8 5 4
              ♡Q
              ◇K 9 6 3
              ♣J 7
```

定约是 4♠加倍，西家首攻♣K。东家给出奇数张信号，西家换出♡K 和小红心。你将吃了第二轮红心。现在，你必须把将牌的输墩控制在一个，才能让定约只宕二（-500 就会比对手打成 4♡的分数还多了）。东家做过阻击叫，而且像是有三张草花，所以他拿着单张将牌的可能性要远远大于西家。第四墩牌，你应该从手里出♠J，准备飞过。在东家拿着单张黑桃 10、7、6 或 3 的时候，你都可以只输一墩将牌。

16
好定约的做庄

假设你在双人赛里叫到了一个得分很高的定约,而且你估计其他桌可能叫不到这个定约,那你就应该尽量安全地做庄,以保证得个好分。看看下面这副牌:

南发牌

双方有局

```
                    ♠98643
                    ♡K 8 3
                    ◇10 7 5
                    ♣A 7
  ♠10 7                          ♠Q J 2
  ♡J 10 9 5          N           ♡7 6 4 2
  ◇9 6 4          W     E        ◇Q J 8 3 2
  ♣J 10 5 4          S           ♣9
                    ♠A K 5
                    ♡A Q
                    ◇A K
                    ♣K Q 8 6 3 2
```

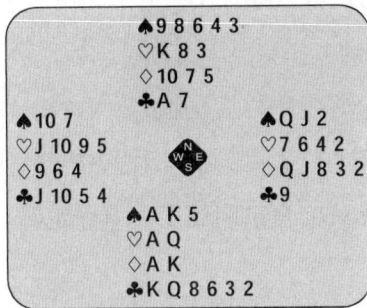

西	北	东	南
			2♣
不叫	2◇	不叫	3NT
不叫	6NT	全不叫	

你的同伴认为 6NT 比 6♠ 得分多,所以直接叫了 6NT。西家首攻♡J,你准备怎么打呢?

如果草花是 3-2 分布(概率为 68%),你就能拿到 13 墩牌。但是,如果你就按这个分布来打:先兑现手里的两墩红心,然后出♣A 到明手、提♡K,再出草花给手里的♣K,那么如果此时东家示缺,你就必须要输一墩草花才能建立起这门花色,而西家进手后就会兑现红心,让定约宕一。你的运气确实不太好,但有没有办法能打成这个定约呢?

如果是 IMP 制比赛,你可能就会打得更为谨慎。手里兑现两墩红心后,你要先送一墩草花。无论赢进后出什么,你都可以用♣A 过桥,再兑现明手的红心赢墩。十二墩牌是肯定有的。简单地说,你应该在安全的时候(即红心还有止张时)送出一墩草花。

问题在于:在双人赛里你应该这样打吗? 如果采取了安全打法,你在 68%的情况下都会少拿一墩,失去得到+1470 分和一个顶分的机会。答案是:你还是应该用安全打法,因为你认为得到+1440 分就已经是一个好分了。那些打 6♠定约的牌手最多也只能拿到+1430 分,打 6♣的牌手更是无法超过你的+1440 分。此外,可能还有些牌手停在成局定约上。

所以,当你方叫到一个好定约之后,就不要太贪得无厌了。如果你认为采用安全打法就能得到 70%~80%的分数,那就不用再去想超墩的事了,打成就是胜利。

下面这副牌,南家同样认为自己叫到了一个好定约:

北发牌

南北有局

西	北	东	南
	1♣	1♡	1♠
2♡	2♠	不叫	4♠
全不叫			

西家首攻♡Q,然后再出♡2,明手将吃。你在双人赛里准备怎么做庄呢?

如果将牌是3-3分布,你就可以清光将牌,然后摊牌拿11墩。但如果东家在第三轮将牌上示缺,你再转出草花就已经晚了——你的计划是输掉一墩红心、一墩将牌(让西将吃一墩草花)和一墩方块,然后用第五张草花垫掉一张方块——西家可以忍让到第四轮草花时再将吃!这样你就不得不输两墩方块,使定约宕一。

这副牌能拿到10墩、得+620分就肯定是个好分了,即便黑桃3-3分布也是一样。所以,你的目标应该是保证这么精彩的定约能打成,也就是说,你需要在防家还无法威胁到你时就先输一墩将牌给他们。这样,明手还有一张将牌可防止对手出第三轮红心。无论对手回出什么牌,你都可以清光将牌,然后摊牌拿10墩(三墩将牌、一墩红心将吃、◇A和五墩草花)。

先探查牌情再制定路线

如果你的定约成败取决于某个Q的双向飞牌,那么常见的打法就是先动其他三门花色,摸清整手牌或一部分牌张的分布情况。在缺Q的那门关键花色上,哪位防家更长,他就更有可能拿着这张Q。

先探查牌情再制定路线的办法还有很多应用场景。看看下面这副满贯你准备怎么打:

南发牌

南北有局

```
                    ♠ 9 7
                    ♡ A J 9 7
                    ◇ Q J 2
                    ♣ Q 7 5 2
   ♠ Q 3                          ♠ J 10 8 6 5 4
   ♡ 5                            ♡ 8 6 4 3
   ◇ A 8 6 5 4        N           ◇ 7 3
   ♣ J 10 9 8 3    W   E          ♣ 4
                      S
                    ♠ A K 2
                    ♡ K Q 10 2
                    ◇ K 10 9
                    ♣ A K 6
```

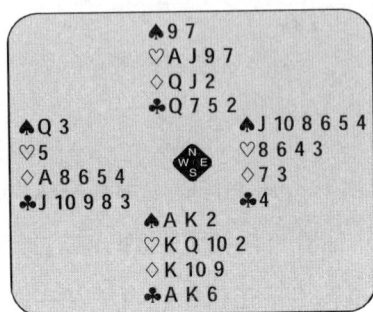

西	北	东	南
			2♣
不叫	2◇	不叫	2NT
不叫	3♣	不叫	3♡
不叫	6♡	全不叫	

在双人赛里,你的搭档需要在 6♡ 和 6NT 中做出选择。由于联手牌力 (32~33 点) 对小满贯并不是很充足,他最后选择打 4-4 配合的红心。同伴的这个决定正确吗?

看起来是的!你只要顶出 ◇A 就有 11 墩牌,明手再将吃一墩黑桃就能很轻松地拿到 12 墩。6NT 这个定约则前景黯淡,必须草花 3-3 分布才能打成。

西家对你的红心满贯首攻♣J,你用♣A 赢进,然后打出将牌 AK——坏消息传来了,西家示缺,垫了一张方块。现在怎么办?你打♠AK,再出一张黑桃给明手将吃。同时,你发现西家不但将牌只有一张,黑桃也只有两张。现在,你就需要决定是先清光将牌,还是先顶方块。你方叫到了一个好定约,只要打成就能击败那些打 6NT 的牌手,因为只要草花不是 3-3 分布,6NT 就打不成。接下来你准备怎么打呢?

如果你清光将牌再动方块,那么在东家拿着♢A时他就会吃住,然后兑现好几个黑桃赢墩,6♡定约要宕不少。先动方块怎么样呢?如果♢A在西家手里,他就可以吃住,然后在某一门低花上给同伴一个将吃。东家有六张黑桃和四张红心,因此在低花上肯定有一个单张。此外,西家的低花有十张牌,而东家只有三张,因此西家拿着♢A的概率要比东家大很多。

这两条路线的成功率差了不少,因此你应该选择清光将牌,然后再打方块的路线。如果♢A在西家,你就可以拿到+1430分,这在双人赛里肯定是一个非常好的分数。

总结

* 我们在第 13 章里已经说过，安全打法在 **IMP** 制比赛里通常都是对的，但在双人赛里，你往往无法承受因采用安全打法而损失的一个超墩。然而，如果你认为自己叫到了一个好定约，而且其他人多数不会叫的时候，那你就应该选择安全打法，以尽力保护你的好分。

* 假设你和同伴在选择 **6♠** 还是 **6NT** 时犹豫不决，那么无论你选择了哪个定约，只要你在打牌的过程中发现另一个定约确实有问题，那么你就应该采用安全打法来保证打成你所选择的这个满贯定约。

* 有时你的某一门花色很薄弱，打 **3NT** 可能会有危险。如果你因此选择打 **5-2** 或 **4-3** 配合的高花进局，而且在打牌时发现 **3NT** 确实打不成，那么你就更应该采用安全打法来保证打成你的高花成局定约。

小测验

1.

```
♠5
♡9 7
♢10 6 4
♣A K J 9 6 5 3
```

```
        N
      W   E
        S
```

```
♠A K 9 7 4
♡A K 6
♢A K 3
♣4 2
```

西	北	东	南
	3♣	不叫	4NT
不叫	5♡	不叫	6NT
全不叫			

双人赛,定约 6NT,西家首攻♠J。你准备怎么打这个定约呢?

2.

```
♠A
♡K 8 5
♢A Q J 10 5
♣8 7 5 2
```

```
        N
      W   E
        S
```

```
♠8 6 5 3
♡A Q 6 4 2
♢K 7 6
♣A
```

西	北	东	南
	1♢	不叫	1♡
不叫	2♡	不叫	3♢
不叫	3♠	不叫	4NT
不叫	5♠	不叫	6♡
全不叫			

双人赛,定约 6♡,西家首攻♠J。你准备怎么打这个定约呢?

答案

1.

```
              ♠5
              ♡9 7
              ♢10 6 4
              ♣A K J 9 6 5 3
♠J 10 2                      ♠Q 8 6 3
♡Q 8 3 2          N          ♡J 10 5 4
♢J 7           W   E         ♢Q 9 8 5 2
♣Q 10 8 7         S          ♣—
              ♠A K 9 7 4
              ♡A K 6
              ♢A K 3
              ♣4 2
```

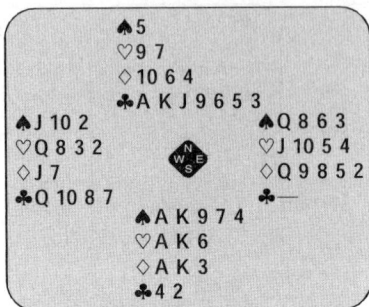

西家对 6NT 首攻♠J。肯定有几对牌手会打 6♣，还有一些人没叫到满贯。6NT 打成是+990 分,比 6♣拿 13 墩得+940 分还要多,所以你要全力以赴地安全打成定约。第一墩草花时,用明手的♣9 盖过西家的♣7。如果这墩牌输给东家,你就可以摊牌打成。

如果这副牌出现在一场国家级比赛的决赛里,你认为会有一些牌手叫到 6NT,那你可以尝试用♣J 飞以搏取超墩。在西家拿着四张草花时,6NT 会宕一墩。除此之外,你都可以拿到 12 墩或者 13 墩。

2.

```
              ♠A
              ♡K 8 5
              ♢A Q J 10 5
              ♣8 7 5 2
♠J 10 9 2                    ♠K Q 7 4
♡3               N           ♡J 10 9 7
♢9 8 2        W   E          ♢4 3
♣K J 9 4 3        S          ♣Q 10 6
              ♠8 6 5 3
              ♡A Q 6 4 2
              ♢K 7 6
              ♣A
```

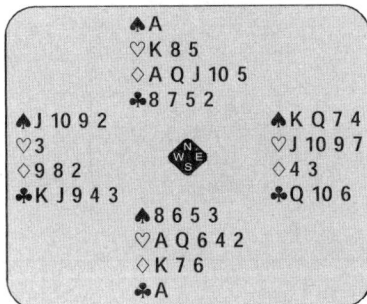

西家对 6♡首攻♠J。你奇迹般地叫到了这个非常理想的满贯定约,肯定有不少牌手会停在成局定约上,因此你要选择安全路线拿到 12 墩牌。第二墩的时候,你应该打将牌,两手放小,以防将牌是 4-1 分布。防家吃进这墩后,无论回出什么牌,你都可以先让明手将吃一次黑桃,然后清光将牌,再拿五墩方块,完成这个精彩的满贯定约。

17
给防家出难题

作为庄家,你必须找机会给防家施加压力。在双人赛里,这种机会要比在 IMP
制比赛里还多,因为双人赛时防家更要想方设法避免让你多得墩。

连张大牌出正确的那张牌

作为庄家,从 **KQ** 或 **AK** 这样的连张大牌中选择一张,很多牌手在其整个桥
牌生涯中从未选对过。一般原则是庄家从连张大牌中出最大的那张牌,因为这样
泄露给防家的信息较少。下面这副牌就是一种常见的情况:

南发牌

东西有局

```
                    ♠963
                    ♡K8
                    ◇KJ106
                    ♣K642
      ♠A10852                   ♠J7
      ♡J95          N           ♡Q10 76
      ◇A7         W   E         ◇943
      ♣10 9 3       S           ♣QJ75
                    ♠KQ4
                    ♡A432
                    ◇Q852
                    ♣A8
```

西	北	东	南
			1NT
不叫	3NT	全不叫	

定约 3NT,西家首攻♠5,东家出♠J。无数的牌手此时都会出♠Q,你也是吗?但这张牌是错的!

如果你用♠Q 吃进,西家就会知道你有♠K,否则东家就应该打出这张牌。这样,西家用◇A 进手后就会换出草花或红心,而不会送给你第二个黑桃赢墩。

现在假设你知道了出♠Q 所存在的问题,因而在第一墩时选择用♠K 吃进,那么西家在用◇A 吃进后就需要猜测是否该继续出黑桃。如果东家拿着♠Q,他在第一墩时从♠QJ(x)出较小的那一张♠J 是正确的。这时,西家就需要继续出黑桃,拿到四墩黑桃从而击败定约。

注意,如果西家决定继续出黑桃(在上图的牌张分布下是错误的),那么他应该拔♠A。如果东家的黑桃是♠QJ 双张,此时♠Q 就会被击落,如果东家是♠QJ×,那么他此时就要在西家的♠A 之下解封掉自己的♠Q,让同伴能吃通此套。

疑兵之计

有时候,你作为庄家能够根据首攻推算出这门花色的分布情况。假设东家开叫 1♡,你方最后叫到 4♠,西家首攻♡3。红心花色的分布如下:

$$♡Q\ 10\ 2$$

$$♡3 \qquad \begin{matrix} N \\ W\ E \\ S \end{matrix} \qquad ♡A\ K\ 9\ 7\ 6\ 4$$

$$♡J\ 8\ 5$$

东家开叫 1♡保证至少五张红心,所以你知道♡3 是单张。假设你像很多人一样让明手出♡2,东家用♡K 赢进,那么东家就会很容易推断出这门花色的分布。如果西家是从♡J83 里攻出来的,那么你肯定要让明手出 10 了。庄家让明手出小,就说明他的手里有♡J。因此,东家会再拔一张红桃大牌,然后给同伴将吃。如果防家在其他花色里还能再拿一墩,这个定约就宕了。

所以你应该从明手出♡10,就好像手里是单张似的,给东家布下疑阵。这样当东家♡K 赢进之后,可能对继续出♡A 有所顾忌,因为如果你能将吃这一墩,明手的♡Q就成了赢张。即使东家没有中计,还是继续出了红心,那你也没有任何损失。你已经尽力了。

下面是一个类似的情况:

♡K 10 2

♡5　♡A Q J 9 7 6 4

♡8 3

东家开叫3♡,最后你们打4♠。西家首攻♡5。从你的角度看,这肯定是一个单张。你让明手出♡10,东家用♡J赢得这一墩。这时,如果你手里跟♡3,庄家就可以确定红心的分布。西家是不会从♡85里首攻♡5的。这样,东家一定会兑现♡A,再出第三轮红心。

所以,你应该在第一墩跟♡8。现在东家会注意到,同伴可能是从♡53中攻出来的。如果是这样,他再拔♡A就会被你将吃,而且会把明手的♡K做大。

这种疑兵之计很多时候都起不到效果,尤其是在IMP制比赛里。防家可能就会想:"打败定约的最好机会就是同伴首攻的是单张。"不过,防家总有猜错的时候。难道不会吗?防家毕竟也是人啊。

最后一副牌例中,庄家也是选择了正确的牌张,从而误导了防家:

♣10 9 6 4

♣2　♣A 8 7 5 3

♣K Q J

东家开叫过1♣,现在你主打一个高花成局定约。西家首攻♣2,你基本确定这就是个单张。东家用♣A吃进。作为南家,你该出哪一张牌呢?

有些牌手会故意掉出♣K,希望东家会认为这是个单张。但这只是痴心妄想!因为西家不会从♣QJ2里首攻♣2。出♣J同样没用,因为西家也不会从♣KQ2里攻♣2。庄家唯一可能迷惑东家的牌就是♣Q,因为西家有可能会从♣KJ2里攻♣2。

无将定约中的诱敌之计

你打无将定约,然后被对手攻中了最薄弱的花色,这是最常见不过的情景了。当然你也有运气好的时候,对手攻到了一门你并不担心的花色上,这时你就可以将自己在这门花色中的牌力隐藏起来,诱使防家继续攻击错误的目标。看一下这副牌:

南发牌

东西有局

```
              ♠9 8 4 2
              ♡8 4
              ◇K 4 3
              ♣A K 7 5
♠K 6 5                      ♠A J 10 7
♡Q 9 7 5 3      N          ♡10 6 2
◇Q 9 7        W   E        ◇10 5
♣10 6           S          ♣Q J 8 4
              ♠Q 3
              ♡A K J
              ◇A J 8 6 2
              ♣9 3 2
```

西	北	东	南
			1NT
不叫	2♣	不叫	2◇
不叫	3NT	全不叫	

西家对 **3NT** 首攻♡5,东家出♡10。假设你自然而然地用♡J吃进。由于现在你只有七个顶张赢墩,因此必须树立方块套。你出方块到◇K,然后出小块用◇J飞。西家用◇Q吃住,然后停下来评估局势。第一墩的出法标明你有♡AKJ,所以从西家的角度来看,击败定约的最好机会就是换攻黑桃。这样防家就可取到四墩黑桃,定约宕一。

现在看看如果你第一墩用♡K吃住会怎么样。西家现在很可能会认为同伴有

♡J10×。这样,在他用◇Q赢进后,可能就会继续出红心,希望能树立这门花色。于是你可以拿到三墩红心、四墩方块和两墩草花,从而完成定约。

向暗手出牌

当你从暗手朝着明手出牌的时候,防家的应对会比较轻松,因为明手的牌都摊在眼前。但当你从明手向着暗手出牌的时候,就是另一回事了。对于第二家而言,左手方的大牌结构是未知的,他出牌可能就会比较困难了。

下面这副牌来自亚太锦标赛,庄家的表现很出色:

东发牌

东西有局

```
                    ♠K 8 7 2
                    ♡9
                    ◇A 10 8 3
                    ♣Q 8 7 3
     ♠5                              ♠Q 10
     ♡10 6 5 3            N          ♡A K Q 8 7
     ◇7 6 5 4 2      W       E       ◇K Q J
     ♣J 9 4              S          ♣A K 10
                    ♠A J 9 6 4 3
                    ♡J 4 2
                    ◇9
                    ♣6 5 2
```

西	北	东	南
Ho	Hua	SHen	Loo
		2♣	3♠
不叫	4♠	不叫	不叫
加倍	全不叫		

西首攻红心,东家♡Q吃住,然后回出♠10。东家开叫过强2♣,输三墩草花看起来在所难免。有什么办法能打成定约吗?

庄家用♠J赢进第二墩,然后再出将牌到♠K,从明手打一张小草花。现在你可以看到东家所面临的问题了。庄家的打法看起来像是有♣J,于是东家上♣K,换出◇K,明手◇A吃进。现在庄家又从明手出了一张小草花,东家还是不敢冒着庄家可能有♣J的风险放小,于是又扑上♣A,然后试图兑现一墩方块。中计了!庄家将吃了这墩方块,然后摊牌打成定约。

庄家使用的技巧就是"向暗手出牌"。东家不知道庄家的草花是什么情况,他想要找出正确的防守打法并不容易。在这副牌里,这个技巧是影响定约成败的。而在双人赛里,庄家常常使用这个技巧来寻找一个超墩,或是避免多宕一墩。下面的结构也可使用类似骗招:

◇K 8 7 2

◇J 9 5　　N
W　E
S　　◇A 10 6 4

◇Q 3

东家叫过牌,因而你认为◇A在他手里,那你可以从明手出一张小牌。如果东家认为你可能是单张◇Q,可能就会立即扑上◇A。如果他放小,◇Q赢到以后,你就回到明手,向暗手再打一张小方块。现在东家可能会担心你是◇QJ双张,从而错误地扑上◇A。这样你就会拿到两墩方块。

总结

* 一般来说,庄家应该用连张大牌中最大的那张牌赢进,以避免暴露你的持牌情况。

* 从明手向暗手出牌往往会给坐在第二家位置上的防家制造困难。他可能需要猜测你的大牌持牌情况。

* 如果你认为对付花色定约的首攻是一个单张,你就应该让暗手出一张较大的牌,把一张小牌"藏起来"。例如,西家首攻单张♣6,东家用♣A吃住。你从♣973里出7。东家现在会考虑同伴可能是♣63双张。

小测验

1.

♠ 9 5
♡ A K 8 4
◇ Q 4 2
♣ J 10 7 5

♠ A Q 3
♡ Q J 2
◇ 9 8
♣ A Q 9 3 2

西	北	东	南
			1NT
不叫	**2♣**	不叫	**2◇**
不叫	**3NT**	全不叫	

西家对 **3NT** 首攻♠6,东家出♠J。你准备怎么打这个定约呢?

2.

♠ Q J 10 6
♡ A 7 2
◇ A Q 6 5
♣ K 3

♠ A K 9 7 4
♡ K 9
◇ 9 7 3 2
♣ A Q

西	北	东	南
			1♠
不叫	**2NT**	不叫	**3NT**
不叫	**6♠**	全不叫	

北家的 **2NT** 是雅可比约定叫,你的 **3NT** 表示有额外实力,但是没有单缺。

西家首攻♠2。你怎么打这个满贯定约呢?

209

答案

1.

```
                    ♠9 5
                    ♡A K 8 4
                    ◇Q 4 2
                    ♣J 10 7 5
   ♠K 10 7 6 2                      ♠J 8 4
   ♡9 7          ┌─────────┐       ♡10 6 5 3
   ◇A 10 7 3     │    N    │       ◇K J 6 5
   ♣K 6          │ W     E │       ♣8 4
                 │    S    │
                 └─────────┘
                    ♠A Q 3
                    ♡Q J 2
                    ◇9 8
                    ♣A Q 9 3 2
```

你们叫到 3NT,西家首攻♠6,东家出♠J。假设你用♠Q 赢进,用♡A 进入明手出♣J,那西家赢进后就可能考虑到你有♠A 而换攻出方块。所以,你在第一墩应该用♠A 赢进,然后再出红心到♡A,起♣J 飞过。西家用♣K 吃进后可能会继续出♠2,因为他认为同伴的黑桃是♠QJ4。这样,你就会拿到 10 墩牌。

2.

```
                    ♠Q J 10 6
                    ♡A 7 2
                    ◇A Q 6 5
                    ♣K 3
   ♠3 2                             ♠8 5
   ♡J 8 5 3       ┌─────────┐       ♡Q 10 6 4
   ◇J 8 4         │    N    │       ◇K 10
   ♣J 9 5 2       │ W     E │       ♣10 8 7 6 4
                 │    S    │
                 └─────────┘
                    ♠A K 9 7 4
                    ♡K 9
                    ◇9 7 3 2
                    ♣A Q
```

西家对 6♠首攻将牌。表面上看,你打成定约需要方块是 3-2 分布,并且◇K 是在前手(投入打法是没有用的,由于你们的方块是 4-4 的,对手可以安全地给你一吃一垫)。你用♠Q 赢进首攻,然后立即从明手出◇5。许多坐东的牌手这时就会上◇K,担心你有◇J。如果东家平静地跟小,你也没有任何损失,反正第二轮你还是可以用◇Q 飞牌。

18

接受失败

假设你方叫到了一个正常的定约,然后发现牌张分布极其恶劣,导致定约可能要宕。在双人赛里你不应该为此感到绝望,因为很多庄家也会面临同样的问题,就算定约打宕了你得了负分也不一定就是坏分。当然,你要确保自己别比其他桌的庄家宕得更多。

西发牌

双方无局

```
                      ♠ 10 7 6
                      ♡ A Q 9 4
                      ◇ 6 3 2
                      ♣ 7 5 2
     ♠ K Q J 8 5 2              ♠ 3
     ♡ 5 2           N          ♡ J 10 8 6
     ◇ 9 8        W     E       ◇ J 10 7 5 4
     ♣ K 8 4         S          ♣ Q 9 6
                      ♠ A 9 4
                      ♡ K 7 3
                      ◇ A K Q
                      ♣ A J 10 3
```

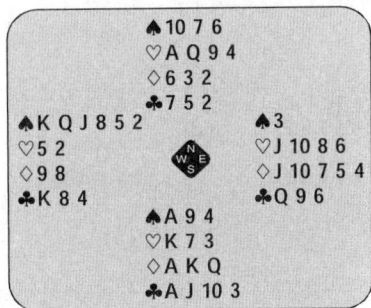

西	北	东	南
2♠	不叫	不叫	3NT

全不叫

定约 3NT,西家首攻♠K。你吃住第二轮黑桃,东家垫了一张方块。现在你能

211

数出八个顶张赢墩,第四张红心有可能是一个赢墩。你连打了三轮红心,发现西家在第三轮上垫了草花。现在怎么办呢?

定约还有打成的机会,那就是♣K和♣Q都在东家手里。这样,你可以做出一墩草花而打成定约。在 IMP 制比赛里,你几乎不能放弃任何成局的机会,因为打成定约的收益远远超过了多宕一墩的损失。不过,在双人赛里,情况就完全不同了。假设你从明手出一张草花给手里的♣J,西家用草花大牌吃进,他就可以再兑现四墩黑桃,让你的定约宕二。这副牌很可能全场都打 3NT,你比别人多宕一墩的话那就很致命了。

这副牌♣K和♣Q都在东家手里,使你能在草花做出一墩的机会远远低于50%,也就是说你的潜在损失远远超过你的收益。记住,在双人赛里,得分的概率要比分值的大小重要。你只需拿走自己的八墩,摊牌宕一即可。

看看下面这副牌你怎么打:

北发牌

双方有局

```
                    ♠Q J 8
                    ♡K 4 2
                    ◇A K J 8 2
                    ♣Q 7
    ♠10 7 4                      ♠9 6 5 2
    ♡J 9 8 3          N          ♡—
    ◇9 7           W   E         ◇Q 10 6 4
    ♣9 8 6 5          S          ♣J 10 4 3 2
                    ♠A K 3
                    ♡A Q 10 7 6 5
                    ◇5 3
                    ♣A K
```

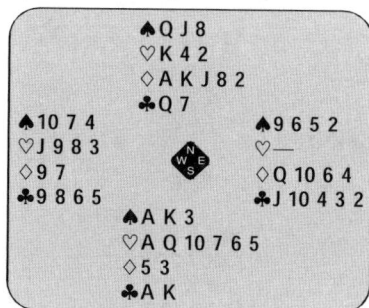

西	北	东	南
	1NT	不叫	3♡
不叫	4◇	不叫	4NT
不叫	5♡	不叫	5NT
不叫	6◇	不叫	7NT
全不叫			

你的 3♡ 应叫表示有红心长套,并且有满贯兴趣。北家的 4♢ 表示同意以红心为将牌,显示方块控制,同时否认在黑花色上有控制。你问出他有两个关键张和 ♢K,于是愉快地叫出 7NT。

西家首攻♣9,你手里赢进,打♡A,准备摊牌——还有天理吗?——东家竟然垫了一张草花。现在你怎么打呢?

你们叫到了一个机会非常好的定约,联手牌力充足,因此其他桌估计也都会叫到大满贯。现在还有拿 13 墩的机会吗?有,如果西家持♢Q××,你就能吃到五墩方块、三墩黑桃、三墩红心和两墩草花。不过,在西家已经标明有四张红心的情况下,他持♢Q××的概率只有 16%。

如果你为了打成定约而飞♢J,那么你最后可能会宕两墩,而不是宕一墩。现在你的正确打法就是送一墩红心,然后摊牌宕一,除非你认为同场的牌手水平非常差,绝大多数牌手都叫不到这个有 95% 成功率的大满贯。记住,那些叫到 7♡ 而不是 7NT 的牌手是肯定要宕一的,没有任何机会。

当然,在 IMP 制比赛里你就必须飞方块了。为了得到 +2220 分,任何一点机会都不能放弃。

总结

* 假设你在双人赛里叫到一个正常的定约，但随后发现牌张分布极其恶劣，或遭到对手意外的将吃，导致定约出现危险，那么你在设法挽救定约时一定要小心，不要让宕一变成宕二。

* 很多同方向的牌手都会叫到同样的定约，也会遇到同样的恶劣分布，所以，不要为了类似于 **20%** 的打成机会，让自己置身于比他们多宕一墩的危险。

* 如果你是在 **IMP** 制比赛里遇到这种情况，那你的处理方式就会完全不同。只要是能打成局或者满贯的路线，无论成功率多小，都值得一试。

小测验

1.

南发牌

双方有局

```
            ♠7 3
            ♡Q J 5 4
            ◇9 8 3
            ♣A Q J 8
                N
              W   E
                S
            ♠A 5
            ♡K 10 6
            ◇A Q 10 7 6
            ♣K 6 2
```

西	北	东	南
			1NT
不叫	2♣	不叫	2◇
不叫	3NT	全不叫	

双人赛,定约 3NT,西家首攻♠Q,东家跟♠9 表示欢迎。你准备怎么打呢?

2.

南发牌

双方无局

```
            ♠J 7 5
            ♡K 5
            ◇10 9 8 6 4
            ♣Q 9 3
                N
              W   E
                S
            ♠4 2
            ♡A 10 8 4 2
            ◇3 2
            ♣A K J 8
```

西	北	东	南
			1♡
不叫	1NT	不叫	2♣
不叫	2♡	全不叫	

西家首攻♠K,再出♠6,东家♠A 得。你将吃第三轮黑桃,连打♡K、♡A,西家在第二轮红心上跟♡J。你准备怎么打呢?

215

答案

1.

```
              ♠ 7 3
              ♡ Q J 5 4
              ◇ 9 8 3
              ♣ A Q J 8
♠ Q J 10 8 4           ♠ K 9 6 2
♡ 8 7 3          N     ♡ A 9 2
◇ J 5         W   E    ◇ K 4 2
♣ 10 4 3         S     ♣ 9 7 5
              ♠ A 5
              ♡ K 10 6
              ◇ A Q 10 7 6
              ♣ K 6 2
```

西家首攻♠Q。要打成 **3NT**，你必须打◇**KJ**都在东家才行。这样，你就能得到五墩方块、**+630** 分和一个顶分。但这条路线成功的机会只有 **24%**。只要西家有一张或两张方块大牌(概率为 **76%**)，你就至少要宕两墩。叫牌和首攻看起来都很正常，所以你应该顶出♡**A**，接受宕一的结果。

2.

```
              ♠ J 7 5
              ♡ K 5
              ◇ 10 9 8 6 4
              ♣ Q 9 3
♠ K Q 10 6            ♠ A 9 8 3
♡ J 7            N     ♡ Q 9 6 3
◇ A J 5        W   E   ◇ K Q 7
♣ 7 5 4 2        S     ♣ 10 6
              ♠ 4 2
              ♡ A 10 8 4 2
              ◇ 3 2
              ♣ A K J 8
```

西家对 **2♡** 定约首攻♠**K**，你将吃第三轮黑桃，然后连打♡**K**、♡**A**，这时西家掉出♡**J**。如果将牌是 **3-3** 分布，你现在就可以调第三轮将牌，打成定约。但是，西家持♡**J×**或♡**Q×**的机会要大于他持♡**QJ×**(限制性选择原理)。如果你出第三轮将牌，发现将牌是 **4-2** 分布，那么你的定约就要宕三(得**-150** 分，而对手打 **2♠** 最多也就是**-110** 或**-140** 分)。所以，你应该停止调将牌，先打草花，接受宕一和**-50** 分的结果。

第三部分

防守策略

19
帮助同伴防守

同伴在防守时出错了你会怎么办？最有可能的是你忍不住会瞪着他，然后说：“别再打错了！”想不到吧，这并不是我所推荐的策略。如果同伴确实是出错了牌，他一定会比你更加懊悔。更有建设性的方法是你要寻找到能够帮助同伴更容易防守的办法，也许就能引导他做出更为成功的防守。

用姿态信号帮助同伴

假设同伴在第一次打某一门花色时出了一张大牌，或者出了张小牌被明手A吃了，这时你就有机会给出“姿态信号”。你出大牌是表示欢迎同伴继续出这门花色，出小牌则表示不欢迎。不过，你需要考虑整手牌的情况，才能决定是不是要给姿态信号。拿下例中东家的牌试试看：

东发牌

双方有局

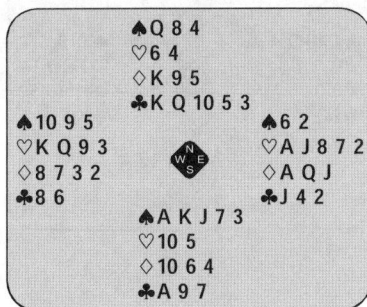

西	北	东	南
		1♡	1♠
3♡	3♠	全不叫	

西家对你的高花有四张配合,而且有一个双张,因此跳叫到 3♡ 阻击(如果是好支持则会先扣叫 2♠)。同伴首攻♡K,你准备怎么防守?

你有♡A,通常应该出♡8 表示欢迎的,不过在这副牌里♡8 并不是最好的选择。因为你希望同伴换攻方块,因此你要跟最小的♡2。从明手的牌来看,很明显换攻方块要比草花好得多,于是西家换出◊8(出大的是表示他在这门花色没有大牌)。你用◊J 拿到这一墩后,再打小红心给同伴的♡Q。同伴继续出方块,让你又赢进两墩方块。阻击叫和精准的防守为你们赢得了+100 分,这在双人赛里是一个很好的分数。

用张数信号帮助同伴

防家最重要的武器之一就是使用张数信号。出大牌表示偶数张,出小牌则表示奇数张。在下面这副牌里,张数信号起到了至关重要的作用:

南发牌

南北有局

```
                ♠ 5 2
                ♡ 6 2
                ◊ Q J 7 6 4
                ♣ 9 8 4 2
  ♠ J 10 9 4 3              ♠ Q 8 6
  ♡ 9 5 4 3        N        ♡ J 8 7
  ◊ 8 3          W   E      ◊ K 10 5
  ♣ J 3            S        ♣ K Q 7 6
                ♠ A K 7
                ♡ A K Q 10
                ◊ A 9 2
                ♣ A 10 5
```

西	北	东	南
			2♣
不叫	2◇	不叫	3NT
全不叫			

双人赛。你坐东,防守 3NT 定约。西家首攻♠J,你跟♠8 表示欢迎(同伴攻牌时,这是一个姿态信号)。庄家用♠A 赢进,拔◇A,再出◇9 到明手的◇Q。你应该怎样防守呢?

如果庄家是◇A9 双张方块,那你必须立即吃住这一墩。由于明手的牌已经死了,庄家只能拿到一个方块赢墩。如果庄家是◇A92 三张方块,那你就必须忍让第二轮方块。问题是你怎么知道哪种打法才是对的呢?

你的搭档必须要给出张数信号,告诉你他手里有几张方块。在这副牌里,他应该先出◇8,再跟◇3,这样你就能知道他有两张方块,而庄家有三张,于是你就需要忍让一轮再吃住,将庄家的方块赢墩限制在两个,而不是四个。由于红心分布有利,庄家仍然能拿到九墩牌,但他只得了+600 分,这与你赢进第二轮方块让他得+660 分相比,庄家就会得到很差的比赛分。

南发牌

双方无局

```
                    ♠ K Q 8
                    ♡ 9 8 6 3
                    ◇ Q J 7
                    ♣ K 9 2
♠ 10 9 4                        ♠ J 6 5 3
♡ A Q 5          N              ♡ 7 4
◇ K 10 8 5 3   W   E            ◇ 9 6 2
♣ 6 3            S              ♣ Q J 10 8
                    ♠ A 7 2
                    ♡ K J 10 2
                    ◇ A 4
                    ♣ A 7 5 4
```

西	北	东	南
			1NT
不叫	3NT	全不叫	

北家虽然有 11 个大牌点，但牌型是 4-3-3-3，而且红心很弱，因此决定不用斯台曼，而是直接叫 3NT。这个决定很正确，因为打 4♡ 的话，庄家会输两墩红心、一墩方块和一墩草花。

看看 3NT 的防守吧。你坐西家，首攻 ◇5，明手出 ◇Q，同伴跟出 ◇2。庄家接着从明手出 ♡9 到你的 ♡Q，同伴出 ♡7。下面你怎么打？

如果庄家是 ◇A4 双张方块，那你应该趁着 ♡A 还在自己手里时抢先顶掉 ◇A。但如果庄家是 ◇A64 三张方块，那你再出方块就会送给他一墩（在双人赛里，即使不可能打宕定约，你也不应该送给庄家一个超墩）。你如何知道应该怎么防呢？

同伴还是会给出张数信号来帮助你。即使你们在首攻后通常要打姿态信号，本例中也应该改为张数信号，因为东家连明手的牌都盖不过，这姿态已经是很明确了。所以，同伴的 ◇2 意味着他的方块是三张或着单张。如果他是三张，那庄家手里现在只剩下光秃秃的 ◇A 了，你就能安全地继续出方块，放下庄家的 ◇A。庄家 ◇A 吃进后再顶红心，你就可以兑现方块赢墩，使定约宕一。

（注意，同伴的 ♡7 也是张数信号，表示是双张。这样庄家已经标明有四张红心，那他的方块就更有可能是双张而不是四张）。

用花色选择信号帮助同伴

有些时候，你首攻并看到明手的牌后，就知道继续出这门花色已经没有什么前途了。例如你攻了一张 A，然后发现明手摆着同一花色的 KQ 或是单张。在这种情况下，同伴再打姿态信号或者张数信号都没有多大意义，那他这时候就应该改打"花色选择信号"，告诉你他对换攻哪门边花更有兴趣。看看下面这副双人赛里的牌：

东发牌

南北有局

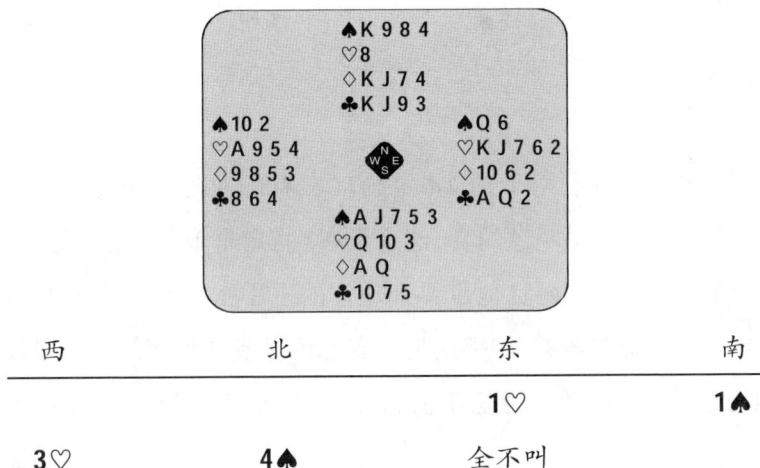

西	北	东	南
		1♡	1♠
3♡	4♠	全不叫	

你坐西家,首攻♡A。明手摊牌下来后,你发现他的红心是单张。这个时候,同伴给姿态或张数信号是没有什么用处的,他的♡2是一个花色选择信号。出大的牌张是表示欢迎剩余边花中的较高级别的花色,出小的牌张则表示欢迎较低级别的花色。

你遵命换攻草花,同伴在这门花色中拿到两墩,让庄家只拿到+620分。如果不换攻草花,庄家就可以在方块上垫掉两张草花,得到+650分和一个顶分。

假设下一副牌里你坐东家,看看你怎样做才能帮助同伴。

北发牌

南北有局

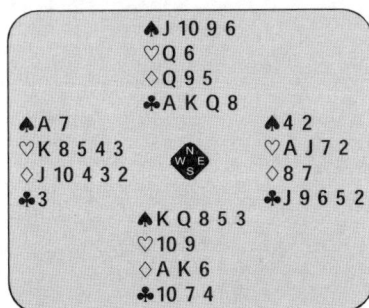

西	北	东	南
	1♣	不叫	1♠
不叫	2♠	不叫	4♠
全不叫			

西家,你的同伴,对付对手的 4♠ 定约首攻♣3。明手用♣Q 吃住,这时你要保持警觉。同伴首攻明手叫过的套,他这张♣3 肯定是单张。这样你就必须希望他在将牌上有一个进手,而且他也要知道你的进手张在哪门花色上。现在就告诉他答案! 你第一墩跟♣9。如果这是个姿态信号或者张数信号,你打出这张牌是毫无用处的,所以它只可能是花色选择信号,建议同伴进手后要换攻红心,而不是方块。

同伴赢进第一轮将牌,然后按你的指示回出♡4(他手里有♡K,明手摆着♡Q,如果不是你已经给出了明确的花色选择信号,他自己是不愿意动这门花色的)。你用♡A 吃,然后给同伴将吃一次草花。西家的♡K 最终成为定约的宕墩。

假设庄家有四张方块,而红心只有一张,虽然无法击败定约,但你们精准的防守仍然可以防止他拿到双人赛里极其宝贵的超墩。

告诉同伴你的赢墩在什么地方

下面这副牌,你能帮助同伴做出正确的判断吗?

南发牌

南北有局

```
                    ♠Q 9 4
                    ♡Q 7 3
                    ◇Q J 4
                    ♣Q 10 6 2
      ♠10 8 7 6                    ♠A 3 2
      ♡10 5 4          N           ♡J 8 6 2
      ◇K 6          W   E          ◇8 7 5
      ♣8 7 4 3         S           ♣A K J
                    ♠K J 5
                    ♡A K 9
                    ◇A 10 9 3 2
                    ♣9 5
```

西	北	东	南
			1NT
不叫	3NT	全不叫	

你坐东家,同伴首攻♠6,明手放小。你的防守计划是什么呢?

如果你用♠A吃住,然后回出♠3,那么庄家就会用明手♠Q赢进,出♢Q,飞丢给西家的♢K。当同伴在苦思冥想之时,你也感到备受煎熬,因为你知道他换攻草花的话就会打宕定约,但他并不知道。如果同伴再出黑桃,或者换出红心,庄家都能拿到九墩牌,从而完成定约。

你有什么办法能帮助同伴找到正确答案吗? 这其实也并不太难,你应该在回黑桃之前先拔掉♣K。同伴进手之后(从你的角度来看,他的进手要么在黑桃上,要么在方块上),他就会知道你希望他换攻草花。

按照我们所显示的叫牌进程,这样默契配合的防守就会使3NT宕一。假设南北方停在2NT上,那么在双人赛里,同样的防守也会帮助你们防止庄家拿到超墩。

总结

* 桥牌里的防守是非常难的,你和同伴经常会被迫猜断该怎么办。因此,你们
  必须抓住一切机会帮助彼此做出正确的决定。

* 给信号是防守中的重要环节。记住,这些信号是要告诉同伴一些有关你持
  牌情况的有用信息,而不是告诉他应该出哪张牌! 你只能看到自己手里的
  牌,看不到他的牌,你怎么能知道出同伴哪张牌是正确的呢?

* 同伴引牌时,也许明手的牌张已经显露出足够的信息,那你的姿态就是很
  明显的,这时你就应该改为给出张数信号。在庄家的花色上,你也应该给出
  张数信号,除非你认为这个信号给庄家的帮助会比给同伴的帮助更多。

* 当姿态信号和张数信号对同伴都毫无用处时, 你就有机会给出花色选择
  信号了。常见的一种情况是,明手的牌张已经表明没有继续出这门花色的
  必要,这时你的跟牌往往就是花色选择信号。

小测验

1.

```
            ♠4 3
            ♡8 5 3
            ◇K Q J 10 5
            ♣9 6 2
                        ♠Q 10 9 5
                        ♡9 2
          N             ◇A 7 3
        W   E           ♣K J 10 4
          S
```

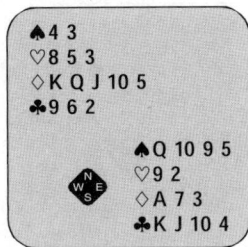

西	北	东	南
			1♣
不叫	1◇	不叫	2NT
不叫	3NT	全不叫	

双人赛。西家,你的同伴首攻♡6,你出♡9。庄家用♡J吃住,然后出◇4。西家跟◇2,明手出◇K,你忍让(希望切断明手的桥路)。庄家接着从明手出◇Q,你准备怎么继续防守呢?

2.

```
            ♠Q 8 4
            ♡8 6
            ◇A Q J 2
            ♣8 5 3 2
                        ♠6 2
                        ♡Q 9 4
          N             ◇9 7 5 4
        W   E           ♣Q J 10 4
          S
```

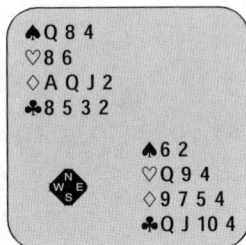

西	北	东	南
1♡	不叫	2♡	2♠
3♡	3♠	不叫	4♠
全不叫			

双人赛。西家,你的同伴首攻♡A,你的防守计划是什么呢?

227

答案

1.

```
                    ♠ 4 3
                    ♡ 8 5 3
                    ◇ K Q J 10 5
                    ♣ 9 6 2
♠ J 7 2                           ♠ Q 10 9 5
♡ Q 10 7 6 4          N           ♡ 9 2
◇ 8 6 2            W   E          ◇ A 7 3
♣ Q 5                S            ♣ K J 10 4
                    ♠ A K 8 6
                    ♡ A K J
                    ◇ 9 4
                    ♣ A 8 7 3
```

防守 **3NT**,同伴首攻♡6,你出♡9,庄家♡J吃住,然后出◇4。同伴跟◇2,你让明手的◇K拿到了这一墩。现在明手继续出◇Q,你应该怎么防守呢?如果庄家只有两张方块,你现在就应该用◇A吃住,否则就会送给庄家原本拿不到的第二个方块赢墩。如果庄家有三张方块,你必须再忍让一轮。同伴的◇2是张数信号,表示方块为奇数张。所以,你应该上◇A,换出红心。定约最终会宕两墩,这在双人赛里是一个绝佳的分数。

2.

```
                    ♠ Q 8 4
                    ♡ 8 6
                    ◇ A Q J 2
                    ♣ 8 5 3 2
♠ 10 7                            ♠ 6 2
♡ A K 10 7 5 2        N           ♡ Q 9 4
◇ 8 3              W   E          ◇ 9 7 5 4
♣ A 9 6              S            ♣ Q J 10 4
                    ♠ A K J 9 5 3
                    ♡ J 3
                    ◇ K 10 6
                    ♣ K 7
```

防守 **4♠**,同伴首攻♡A。你知道他有♡AK,因此该出♡9表示欢迎。下一张牌,西家低引一张小红心,你用♡Q吃住,然后换出♣Q。你们拿到了两敦红心和两墩草花,定约宕一。如果不这样防守,庄家能在清光将牌后用明手的方块垫掉手里的一张草花。

20
无将定约的首攻

打 IMP 制比赛时,如果打 3NT 定约,你选择首攻牌张的目标是什么呢? 没错,就是希望打宕他们的定约! 而在双人赛里,能防宕定约固然好,但同样重要的是,如果这个 3NT 是攻什么都不会宕的话,你也不希望送给庄家一个于你无益的超墩。

最近出版的《制胜无将首攻》(大卫·伯德和塔夫·安西亚斯著)对无将定约的最佳首攻问题进行了深入的研究,并讨论了 IMP 制和 MP 制比赛时的不同选择。我们在这一章的开始,先引用这本书里的一个研究结果。叫牌是 1NT-3NT,你拿下面这手牌首攻什么?

♠J 8 6   ♡9 5   ◇K Q 7 2   ♣K J 7 2

下面是计算机模拟的结果:

	击败定约(IMP)	平均得墩(MP)
♠6	21.3%	3.43
♡9	20.6%	3.41
◇2	14.1%	3.16
♣2	15.7%	3.25

这一副牌能告诉我们关于无将首攻的很多事情! 从高花短套里首攻要远远好于从带大牌的四张低花长套里首攻,并且在 IMP 和 MP 制比赛里都是如此。正如你所见,首攻 ♠6 会有 21.3% 的概率防宕 3NT,而首攻 ♣2 的防宕概率只有

15.7%。在双人赛里,最重要的指标是防家的平均得墩数。在这个数据上,表现最优秀的仍然是♠6。首攻这张牌能让你平均可拿到 **3.43** 个防守赢墩,而首攻草花平均只能拿到 **3.25** 墩。

现在我们就要问了:为什么首攻高花效果更好呢?这里有两个很有说服力的理由:首先,应叫人没有用斯台曼和转移叫,这表明他的低花要长于高花(按照这个叫牌进程,防家联手在每一门高花中平均有 **7.2** 张,而在每一门低花中只有 **5.8** 张)。其次,并没有理由认为从带一张到两张大牌的四张套里首攻是一个好的选择。平均来说,从大牌下首攻小牌要损失大约半墩牌。如果你的套是五张(例如♣KJ752 这样的),那么首攻小牌或许还值得,毕竟你发展长套赢墩的前景不错。但是如果你只有四张(♣KJ72),发展长套赢墩的潜力就差得多了。

按照上面所示的西家那手牌,在没有恶劣分布的情况下,你们防宕 **3NT** 的机会只有 **20%**。在双人赛里,你可不想为了这 **20%** 的可能性去冒险,否则在剩下 **80%** 的情况下你可能会白送庄家一墩。因此,消极首攻(例如从三张小牌里攻牌)要比从带一张到两张大牌的四张套里首攻更好。

扩展阅读

从牌力不强的六张套(例如◇K108652)里首攻通常是不好的。同伴在这门花色里只有一张的概率很高。就算他的单张是◇Q,庄家忍让一墩即可。长套首攻效果最好的是五张套。

持弱牌时的首攻

如果你手里的牌比较弱,那首攻你自己最好的套很可能是在浪费时间。即使刚好赶上同伴在这个套里有一两张大牌,你也没有进手来兑现自己的长套赢墩。在这种情况下,你就应该攻自己的短套,希望能攻到同伴的长套上去。假设叫牌进程是 **1NT-3NT**,你会攻哪一张牌呢?

♠10 8 7 5 2　♡J 9　◇10 4　♣J 10 9 7

你有五张黑桃,但质量很差,草花上倒是有一个连张结构。你是准备从这两门黑花色里选一个,还是另有打算呢?

无论在 IMP 制还是 MP 制比赛里,♡J 都是最佳首攻! 攻这张牌能让你有 **19.5%** 的机会防宕定约。第二好的选择是 ♠5,但防宕的机会只有 **14.4%**。既然应叫人没有试图寻找高花配合,你的同伴有五张红心的概率就很大。此外,他在边花上还会有几个大牌,可以作为兑现长套赢墩的进张。

在同样的叫牌进程(1NT–3NT)下,你拿着下面这手牌时首攻哪一张呢?

♠A 3　♡9 6 5　◇10 6 4 3 2　♣7 6 5

不要总是只想着你自己的牌,也要想想同伴的牌可能会是什么样的。他很有可能有 10 点左右和一个五张黑桃套,例如这样:

♠Q 10 7 6 2　　♡A 8 2　　◇9 5　　♣Q J 8

如果是同伴首攻,他会攻♠6 试试运气。你用♠A 赢进,续出这门花色,防宕定约的机会不小。所以,现在你应该首攻♠A。同伴会以为他是在和超人做搭档!

(计算机模拟显示,首攻♠A 防宕定约的机会是 **20.5%**,在 IMP 制和 MP 制比赛里都是最好的。第二好的首攻是红心,但成功率只有 **12.8%**。)

扩展阅读

从双张或三张小牌中首攻可能会有意想不到的效果,因为无论同伴拿着什么大牌,你都是向着他攻牌。如果你的牌力很弱,就应该考虑从这样的花色里首攻。当然,如果应叫人没有试图寻求高花配合,那首攻高花就永远优先于低花。

兼顾安全性与攻击性

你经常需要在消极首攻和积极首攻（从有一张或两张大牌的花色中首攻）之间做出选择。不过，有的时候，你是有机会兼顾二者的。假设叫牌进程是 **1NT-3NT**，你要从这手牌里首攻：

♠Q J 10 4　♡8 3　◇A 10 8 5 3　♣J 6

你有一个不错的五张方块套，◇A 还可以做为兑现长套赢墩的进张。那么你是首攻◇5 还是♠Q 呢？

答案毫无疑问是♠Q，无论 **IMP** 制还是 **MP** 制都一样。由于没有使用斯台曼或转移叫寻求高花配合，你应该首选首攻高花。假设在双人赛里，你拿这牌首攻小方块，那么平均下来每次你都要损失半墩牌！这可是个巨大的数字。

你可能很想知道拿着下面这手牌时应该首攻什么：

♠A 10 8 5 3　♡8 3　◇Q J 10 4　♣J 6

在双人赛里，首攻连张大牌中的◇Q 仍然是最好的选择，不过在 IMP 制比赛里，首攻♠5 的成功机会要比攻◇Q 大多了。这还是因为对手没有对高花表示过兴趣，那你就应该优先考虑首攻高花。

对 6NT 首攻

无论你平时对有将满贯定约首攻的风格是什么，但是对 **6NT** 定约，你必须要做消极首攻。为什么呢？这是因为叫 **6NT** 时对手的联手牌力多半会比他们叫花色小满贯时要高。如果你很不明智地从◇K1073 这样的套里首攻，那么 **A** 和 **Q** 这两张大牌极有可能是在庄家和明手手里。也就是说，你很有可能送给对手一个额外的赢墩，也许就是这一墩送成了 **6NT**！

假设叫牌进程是 **1NT-6NT**，你需要拿着下列各手牌时做首攻：

232

(a)

> ♠9
> ♡7 5 4
> ♢Q J 6 4
> ♣K 9 8 4 2

(b)

> ♠J 7 4
> ♡10 6 5
> ♢Q 10 8 6 2
> ♣9 2

牌(a)，两门低花都很不适合首攻。庄家很有可能是拿着类似♢A105对着明手♢K93这样结构的牌张，如果真是这样的话，首攻方块就会让对手在这门花色上拿到三墩。♠9也不是特别安全，因为这可能会帮助庄家找到同伴的♠Q或♠J。最好的首攻是♡7(上面无大牌)。

牌(b)，无论是MP制还是IMP制比赛，首攻方块都明显是最差的选择。对6NT，你必须选择消极首攻。首攻方块只有4%的机会能防宕定约，而首攻其他花色都有9%~10%的机会防宕定约。注意，有些牌手说从带J的花色中首攻最损，其实并不是这样。如果庄家有♠K93对♠AQ6，那他无论如何也只能拿到三墩黑桃。如果黑桃是♠Q82对着♠AK105，那他本来也要按照3-3分布来处理。

下面两副牌的叫牌进程还是1NT-6NT，你会首攻什么呢？

(c)

> ♠8 5
> ♡10 6 4 3
> ♢K Q 2
> ♣9 6 4 3

(d)

> ♠Q 9 8 7 2
> ♡J 9 6 5 3
> ♢K 8 4
> ♣—

牌(c)，首攻两门黑花色都是不错的。攻红心稍差一些，而首攻♢K在MP制和IMP制比赛里都是最差的选择。除非联手只有31个大牌点，否则你的同伴是不可能有A的。首攻方块大牌只有一种情况能够获利，那就是同伴在其他花色中有一个K，并且可以回出方块给你(不过期望这种情况出现相当于做白日梦)。与此同时，攻方块还很可能送给对手一墩牌，也许正是庄家急需的第12墩。

牌(d)，每门花色都有大牌，因此你只能从带大牌的花色里首攻。到底哪一门才是相对而言最安全的首攻呢？从J下首攻的风险要小于从Q或K下首攻，几乎和从小牌里首攻一样安全。而且你有五张红心,庄家或明手都不太像有四张红心。如果他的红心是♡AQ8 对♡K104,那么首攻红心就是安全的。计算机模拟的结果显示,攻红心有 **11%** 的机会能防宕 **6NT**,而攻黑桃和方块则分别只有 **7%** 和 **6%**。在双人赛里,红心首攻也优于其他首攻。

扩展阅读

　　对于 **6NT** 要做安全首攻的建议,对 **7NT** 的首攻也更为适用。

总结

* 当对手叫到 **3NT** 后,你可能没有多少机会能防宕定约。在双人赛里,你要尽量避免从 ♠K1072 或 ◇Q754 这样的结构里冒险首攻,因为这极有可能会送给庄家一墩。

* 如果你有一个五张套,其中包括一张或多张大牌(♣KJ763 或 ◇A9843),那么这门花色是很适合首攻的。当然,你还是会冒着送给庄家一墩的风险,但是你也许就能树立这门长套花色而拿到几个赢墩,这也算是对风险的一种补偿了。

* 如果你是一手弱牌,那首攻自己的最长套纯属浪费时间。即使你能树立起这门花色,你也没有进手去兑现赢墩。这种情况下你应该首攻短套,希望能攻到同伴的长套上。

* 如果叫牌进程是 **1NT–3NT**,你应该首选首攻高花而不是低花。

* 对 **6NT** 要做消极首攻,在 **IMP** 制和 **MP** 制比赛里都一样。因为对手联手至少有 **32** 点以上。如果你从类似♡KJ82 这样的花色里做进攻性首攻,那么同伴在这门花色上有 **A** 或 **Q** 的可能性要比你们防守花色满贯时小得多。

小测验

1.

(a)

♠A 7
♡8 5
◇K J 9 6 3
♣A 10 7 2

(b)

♠10 2
♡K Q J 8
◇A 10 6 4 3 2
♣8

(c)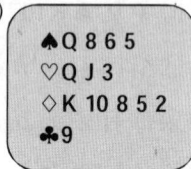

♠Q 8 6 5
♡Q J 3
◇K 10 8 5 2
♣9

叫牌过程是 **1NT - 3NT**。你从以上各手牌里做何首攻？**IMP** 制还是 **MP** 制有区别吗？

2.

(a)

♠9 5 3 2
♡J 4 2
◇10 7
♣J 6 5 3

(b)

♠7 6 5 3
♡Q 7
◇Q 10 9 7 5 4 3
♣——

(c)

♠K Q 5
♡8 5 3
◇10 4
♣J 9 5 3 2

叫牌过程是 **1NT - 3NT**。你从以上各手牌里做何首攻？**IMP** 制还是 **MP** 制有区别吗？

3.

(a)

♠9 7 6 5
♡K J 8 2
◇8 5
♣K 7 3

(b)

♠4 2
♡9 7
◇K Q 9 5
♣10 9 8 7 3

(c)

♠Q 10 7 2
♡J 9 7 6
◇K 9 8 3
♣2

叫牌过程是 **1NT - 6NT**。你从以上各手牌里做何首攻？**IMP** 制还是 **MP** 制有区别吗？

答案

1. 牌**(a)**非常适合做攻击性首攻♢6。虽然这张牌有可能损失一墩,但你有两个A,可以做为进手。你有很大机会拿到三墩到四墩方块以及两个A。

   牌**(b)**,♡K是最佳首攻(IMP制和MP制都一样),而且比其他选择好上无数倍! 记住,当定约是3NT时,从一个质量一般的六张套里首攻很难有好的效果。你的同伴极有可能是单张(首攻♡K有**42%**的机会防宕3NT,而首攻♢4只有**25%**。)

   牌**(c)**,在1NT-3NT这样的叫牌进程之后,首攻高花往往优于首攻低花,不过这副牌你还是要避免从♠Q865中攻牌。记住,有一张到两张大牌的四张套通常不是好的首攻选择。从♢K10852中首攻看起来不错,但同伴很可能只有一到两张方块,而且你在其他花色上也没有很多进手。所以,最好的首攻(计算机模拟也证实)就是从♡QJ3中首攻♡Q。

2. 牌**(a)**非常弱,你应该攻短套,希望攻到同伴的长套上。同样,在1NT-3NT的叫牌进程之后,首攻高花可能是更好的选择。就这手牌而言,最好的首攻是♡2,其次是黑桃(IMP制和MP制都一样)。

   牌**(b)**,首攻方块是浪费时间。同伴有可能是缺门,你首攻方块很可能会损失一墩。这手弱牌的最佳首攻很明显是♡Q(IMP制和MP制都一样)。

   牌**(c)**,这手牌很弱,你应该设法找到同伴的长套。♠K无疑是最佳首攻。这张牌防宕3NT的概率为**21%**,远远优于首攻红心(**15%**)和草花(**14%**)。在双人赛里,首攻黑桃的优势更为明显,其平均得墩为**3.3**墩,而首攻红心和草花分别只有**2.9**墩和**2.8**墩。

3. 牌**(a)**,首攻红心和草花太冒险了,在IMP制和MP制比赛里都不可取。黑桃首攻略好于方块,因为你在这门花色里有四张(首攻黑桃防宕6NT的

概率为 **14%**,而首攻红心只有 **2%**!你有 **7** 点,所以仅在联手只有 **31** 点的情况下,同伴才有可能拿着♡Q)。

牌**(b)**,你想首攻◇K,希望同伴有一个进手,然后回方块给你吗?计算机模拟结果显示,首攻◇K能防宕 **6NT** 的概率比首攻其他任何花色都低。这张牌很可能会送给庄家一墩,例如庄家拿着◇J64 对明手◇A107 的结构。首攻草花略好于首攻高花,但是只要是消极首攻,问题都不大。

牌**(c)**,从三个四张套里,你首攻♡6 是最安全的,并且也是最好的。从 **K** 或 **Q** 下面首攻肯定是不能考虑的。不过,无论是 **IMP** 制还是 **MP** 制比赛,单张♣2 都是最佳首攻。

21
需要冒险换攻吗?

在 **IMP** 制比赛里,防家要抓住一切机会防宕定约,因而送给庄家一个超墩并没有多大关系,因为和超墩的 **20** 分或 **30** 分比起来,防宕定约的收益要大很多。例如,防宕一个成局定约就价值好几百分。不过在双人赛里,情况就完全不同了。如果你在一个正常的定约里白送庄家一个超墩, 那你的损失可能会多达半个顶分。这一章,我们会通过几副牌例来讨论如何评估送给庄家一个超墩的风险。

南发牌

双方无局

```
                    ♠J 10 3
                    ♡J 8 3
                    ◇K Q 6 4
                    ♣K 6 3
        ♠9 8 7 4              ♠A 2
        ♡9 7 6        N       ♡A Q 10 5
        ◇J 9 2      W   E     ◇10 8 3
        ♣J 9 7        S       ♣Q 8 5 2
                    ♠K Q 6 5
                    ♡K 4 2
                    ◇A 7 5
                    ♣A 10 4
```

西	北	东	南
			1NT
不叫	**3NT**	全不叫	

双人赛。你坐东。同伴对 **3NT** 定约首攻♠9,你准备怎么防守呢?

如果同伴有♡K,你可以赢进黑桃首攻,然后换出小红心。这样的话,即使他只有♡Kx双张,你们也能拿到四墩红心,从而防宕定约。不过,这种可能性大吗?庄家和同伴加起来有 **18** 个点,其中庄家至少有 **15** 点。因此,只有在庄家是最低限的时候,同伴才勉强可能有一个 **K**。计算机模拟 **5000** 副(设定条件为:北家和东家的牌如上图所示,南家是一手可以开叫 **1NT** 的随机牌,并且有♠KQ)的结果显示,西家有♡K 的概率只有 **21%**。

如果是在 **IMP** 制比赛里,这个成功率完全值得你为之一博,但在双人赛里,只要庄家有♡K(**79%**),而且红心不少于三张(**79%**中的 **70%**),你换攻红心就会送给庄家一墩。他会先让明手的♡J 得,然后再从明手向手里的♡K 出牌。这种情况出现概率高于 **50%**,比你换攻红心击败定约的概率要高得多。因此,你在双人赛里不应该冒险换攻。

判断换攻是否有风险

有时候换攻看上去很有风险,但是你会发现,即使你不出这门花色,庄家可能也有办法将潜在的输张垫掉。

北发牌

双方无局

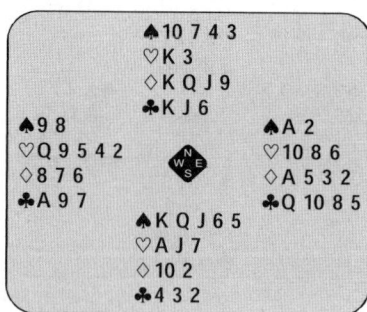

```
                    ♠10 7 4 3
                    ♡K 3
                    ◇K Q J 9
                    ♣K J 6
       ♠9 8                        ♠A 2
       ♡Q 9 5 4 2      N           ♡10 8 6
       ◇8 7 6        W   E         ◇A 5 3 2
       ♣A 9 7          S           ♣Q 10 8 5
                    ♠K Q J 6 5
                    ♡A J 7
                    ◇10 2
                    ♣4 3 2
```

西	北	东	南
	1◇	不叫	1♠
不叫	2♠	不叫	4♠
全不叫			

西家首攻♠9,你坐东用♠A赢进。下面你应该如何防守呢？谨记这是在双人赛里。

如果同伴有♣A,那你们就有希望在◇A被顶掉之前树立好两墩草花。南家的叫牌显示他有接近开叫的牌力。虽然你已经能确定他有♠KQJ,但他有♣A的可能性还是要大于西家。你拿着♣Q朝着明手的♣KJ间张出牌,可能就会送给庄家一墩。不过,你不出草花就不会吃亏了吗？假设你消极地回一张将牌,那庄家就会去树立方块套。如果他的草花是A××,他肯定可以用做好的方块赢墩垫掉手里草花的输张。

因此,即使你判断同伴只有30%左右的可能性会有♣A,你也应该冒险换攻草花。按上图所示的分布,西家会赢进这一墩,然后回出♣9。这样,定约将会以宕一告终。庄家甚至可能会在第二轮草花时扑上♣K,清光防家将牌后,打♡K,然后出红心孤注一掷地用♡J飞(因为他估计不会有多少东家能像你一样犀利地换出草花,所以他这么打也并非毫无道理)。这样的话,定约就会宕二!

下面这副牌,你还是坐东。这次你可以准确地读出庄家和同伴的牌,然后再做出关键的决定。

南发牌

双方无局

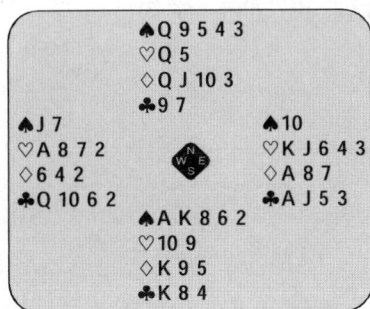

西	北	东	南
			1♠
不叫	4♠	全不叫	

西家对 4♠ 首攻 ♣2。明手的牌力很弱,确实让人有点意外。你用 ♣A 赢进首攻,然后再出 ♣3。南家上 ♣K,用 ♠A、♠K 清光了防家的将牌。你垫掉一张红心。现在庄家出 ◇5,西家跟 ◇2,明手上 ◇Q,你怎么办?

北家的叫牌比较凶猛,拿着三个 Q 和一个 J 就直接叫上了 4♠。西家已经出了 ♠J,毫无疑问还有 ♣Q(如果这张牌在庄家手里,他就能垫掉明手的一张红心)。由于北家的叫牌比较轻,同伴是可能有 ♡A 的,这样你们拿掉顶张大牌就能防宕定约。那么你应该冒险换攻红心吗?

你并不知道南家有多少大牌点。明手冒叫是不假,但这并不能说明冒险换攻就是正确的。南家很有可能有 ♡A,这样你换攻红心就会送给他一个超墩。如果其他桌大部分都打 4♠,那这一墩就是非常致命的。

不过,在这副牌里,你可以准确地把牌张读清楚。西家首攻 ♣2,然后在方块上又给出张数信号 ◇2,这说明南家是 5-2-3-3 牌型。庄家还应该有 ◇K。如果这张牌在同伴手里,他就应该在庄家出第一轮方块时扑上 ◇K,然后换攻红心(在你的 ◇A 被顶掉之前为你们树立起一个红心赢墩)。所以,庄家会用第四张方块垫掉一张红心。想清楚了这一点,你就知道换攻红心并不会让庄家多拿一墩。再说了,如果南家有两个 A 和三个 K,他可能就开叫 1NT 了。所以你应该在庄家垫掉红心输张之前先拿到两墩红心。定约最后宕一,这样你们就得到了一个很好的分数。

总结

* 在 **IMP** 制比赛里，做防守时你必须抓住一切可能击败定约的机会，尤其是在防守成局定约和满贯的时候。如果你的冒险失败了，并且让庄家拿到了一个超墩，你也不会有多大损失。和防宕成局和满贯定约所能拿到的巨大分数相比，让对手多拿几个 **20** 分、**30** 分是完全可以承受的。

* 在双人赛里，情况就完全不同了。如果你为了防宕定约的微弱机会而冒险换攻，那你很可能就会送给庄家一个至关重要的超墩，其价值可多达半个顶分。

* 如果换攻送给庄家超墩的可能性要大于防宕定约的可能性，你就不应该冒险，除非消极防守可能导致庄家有机会垫掉其潜在的输张。

* 不要因为明手冒叫或是对手的定约不同寻常就做冒险换攻。如果庄家没有做过限制性的叫牌，他就很可能有你希望同伴拿着的那张大牌。

小测验

1.

```
        ♠KQ73
        ♡764
        ◇Q83
        ♣KJ6

                    ♠82
              N     ♡Q83
            W   E   ◇KJ95
              S     ♣A532
```

西	北	东	南
			1♠
不叫	3♠	不叫	4♠
全不叫			

你坐东,同伴首攻♣10,明手出♣6。你用♣A吃住,南家跟♣4。第二墩你准备出什么呢?

2.

```
        ♠853
        ♡K4
        ◇1042
        ♣AQJ63

                    ♠KQ74
              N     ♡108652
            W   E   ◇Q5
              S     ♣K2
```

西	北	东	南
			1NT
不叫	3NT	全不叫	

你坐东,西家首攻◇6,你的◇Q吃到了第一墩。第二墩你准备出什么呢?

244

答案

1.

```
              ♠KQ73
              ♡764
              ◇Q83
              ♣KJ6
♠J                        ♠82
♡KJ1095          N        ♡Q83
◇1064         W     E     ◇KJ95
♣10987           S        ♣A532
              ♠A109654
              ♡A2
              ◇A72
              ♣Q4
```

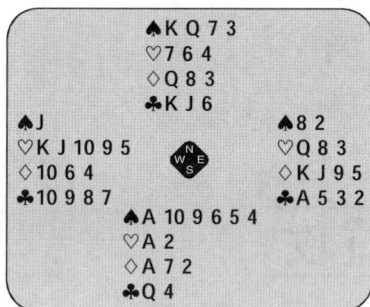

西家对 4♠ 首攻♣10，你上♣A。如果同伴有 ◇A，那么你现在换攻方块就能让定约速宕。那么同伴有 ◇A 的可能性有多大呢?计算机模拟的结果显示，这个概率是 **31%**。要想拿到三墩方块，你还需要庄家有三张到四张方块。如果牌张分布像上图一样，冒险换攻方块就会让庄家拿到 **650** 分。在双人赛里，这个分数对你非常不利。因此，你应该换攻♡3。

2.

```
              ♠853
              ♡K4
              ◇1042
              ♣AQJ63
♠J96                      ♠KQ74
♡973             N        ♡108652
◇KJ863        W     E     ◇Q5
♣75              S        ♣K2
              ♠A102
              ♡AQJ
              ◇A97
              ♣10984
```

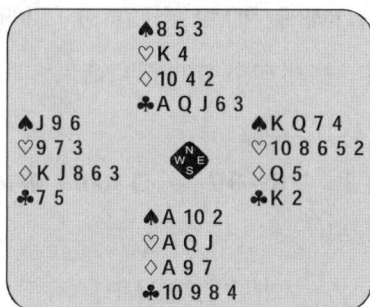

双人赛，西家对 3NT 首攻◇6，你出 ◇Q 吃到。南家很可能有 ◇A，因为他拿着 ◇K××忍让就太危险了。如果你继续出方块，庄家可以吃住，然后飞草花给你的 ♣K。这样，庄家就会有九墩牌。你第二墩换攻黑桃可能会送给庄家一个超墩，但这是值得的! 如果同伴有♠J，你们有很大机会树立三墩黑桃，并防宕 **3NT**。另外如果庄家有♠AJ9，他很可能会出♠9，从而输给西家的♠10。这样，定约同样会以宕一告终。

22
有将定约的首攻

我们在第 20 章"无将定约的首攻"里说过,IMP 制比赛里首攻的主要目标是打败定约。不过令人悲哀的现实是,对手的多数定约无论首攻什么都是铁打不宕的。也正因为如此,在双人赛里,你就应该特别小心,轻易不要从大牌下做投机性的首攻而送给庄家额外的赢墩。

《制胜有将定约首攻》(大卫·伯德和塔夫·安西亚斯著)这本书对有将定约的首攻进行了深入的分析,包括 IMP 制和 MP 制比赛中的不同策略。还是和那一章一样,我们在本章的开始先引用一些那本书中的研究结果。叫牌过程是 1♠-2♠-4♠,你拿着下面这手牌准备首攻什么呢?

♠7 4 2　♡K J 9 7　♢Q 10 9　♣10 5 2

下面是计算机模拟的结果:

	击败定约(IMP)	平均得墩(MP)
♠2	18.3%	2.65
♡7	10.8%	2.43
♢10	14.7%	2.50
♣2	16.2%	2.57

正如你所见,无论是 IMP 制还是 MP 制,两个红花色的积极首攻的效果都是最差的。攻这两门花色损墩的可能性太大了!从 K 下攻牌是风险最大的,其次是

从 Q 下攻牌。你可能会认为从 KJ 结构下攻牌还算不错,只要同伴有 A 或 Q 就不会吃亏(我以前就是这么认为的,时间长达 35 年)。而实际上,从 KJ 结构下攻牌是所有从 K 下首攻的牌里效果最差的。这是因为你把从 K 下攻牌和从 J 下攻牌的风险结合到了一起。

从 10(或 J)下攻牌要比从顶张大牌下首攻更安全些。就西家这手牌而言,攻将牌是最好的。这不是因为攻将牌有什么防止庄家将吃之类的好处,而是因为攻这门花色不损墩的可能性最大。

记住,从一张大牌或是两张不连续的大牌之下做积极首攻,通常来说都是不好的(在 MP 制和 IMP 制比赛里都是如此)。

从短套中攻牌

首攻边花的单张是不是效果不错呢?确实如此!单张是最好的首攻选择之一,和从 AK 连张里首攻的优越程度不相上下。首攻单张的目的主要是为了让同伴给你一个将吃。不过,即便不考虑将吃的因素,首攻单张也很可能是好的,因为你有可能攻到同伴的大牌结构之中。

假设叫牌进程还是 1♠-2♠-4♠,你必须从下面这手牌里选一张做首攻:

♠10 6　♡K Q J 6 5 2　◇3　♣9 8 7 4

你是首攻♡K 还是单张◇3 呢?

单张方块明显是最好的选择!首攻这张牌有 31% 的机会能防宕定约,而攻♡K 的成功机会只有 21%。在双人赛里,首攻◇3 要比攻♡K 多拿 0.2 墩牌。这可不是个小数字(相当于每五副牌多拿半个顶分)。为什么攻红心效果那么差呢? 这是因为你的红心有六张,庄家或明手的红心就非常可能是短套。

那么,你觉得首攻双张效果怎么样呢? 牌手们对这个问题看法不一。事实上,首攻双张的效果比人们普遍认为的要好很多。首攻双张小牌尤其有效。不过,首攻双张的目的并不是希望获得将吃——你能获得将吃的概率相对来说是很低的——而是为了攻向同伴在这门花色中的大牌。

如果你是庄家,你会经常从手里类似于♣75这样的双张里引牌,出向明手的♣KQ83,希望能做出一个到两个草花赢墩。你做防守时也一样,你仍然会从♣75里面攻牌来对抗某个花色定约,只不过不知道同伴具体的持牌情况罢了。同伴偶尔会有♣AK,或是♣AQ坐在♣K后面,这样他就能在第三轮给你一个将吃。不过更为常见的情况是,你的攻牌启动了同伴在这门花色上树立赢墩的进程。他很可能需要你朝他出牌,而不是被迫从他自己手里往外出牌。

叫牌进程是1♠-3♠-4♠,拿着下面这手牌时你准备首攻什么呢?

♠A 1 0 6 2　♡8 5 3 2　♢6 4 3　♣9 8

首攻将牌显然很不明智。那攻哪一门边花最好呢?你应该选择最短的草花套,首攻♣9。我们要这么想这个问题:假设你碰巧攻到了同伴有 KQJ7 的花色上,那么你的长度越短,他在庄家将吃前所能拿到的赢墩就会越多。如果你首攻红心赶上同伴有♡KQJ7,庄家或明手很可能就只有两张(甚至一张)红心。

首攻将牌

首攻将牌在两种情况下是很有效的。第一种情况是:开叫人叫出了两门花色,而应叫人放打了第二个花色(很可能比第一个花色短):

西	北	东	南
			1♠
不叫	1NT	不叫	2♢
都不叫			

北家对2♢不叫说明什么?如果他有两张黑桃和三张方块,通常都要叫回2♠(尤其是在双人赛里,部分定约中黑桃要比方块得分更高一些)。因此,应叫人很可能只有一张黑桃,以及三张方块。在这种进程之后,你几乎肯定要首攻将牌,以减少明手的将吃能力。再看下面这个进程:

248

西	北	东	南
			1◇
加倍	都不叫		

东家罚放了你的技术性加倍。他的将牌结构肯定(或至少是"应该")相当不错,比如像 ◇KQJ98 这样的。你的目标应该是清光庄家的小将牌,以防止他拿到太多的将吃赢墩。因此,在这样的叫牌进程之后,即使很可能你只有一张将牌,你也应该首攻将牌。

分析叫牌进程

西	北	东	南
			1♠
2◇	2♡	不叫	2♠
不叫	4♠	都不叫	

拿着下面这手牌时你会首攻什么:

♠82 ♡A K ◇Q J 10 6 5 2 ♣K J 10

首攻 AK 连张是所有人都认可的打牌定式,不过在这副牌里可不行!明手叫过红心,庄家需要树立这门花色。你应该首攻一门没有叫过的花色。从♣KJ10 里攻牌太危险,因此你应该首攻◇Q,即使你的方块有六张。当然很可能你们还没树立起方块赢墩就被庄家将吃掉了。

计算机模拟结果显示,首攻方块击败定约的可能性是 25%,而攻红心大牌只有 18%。在双人赛里,很明显也是首攻方块效果最佳。

以下这副牌出现在瑞典全国双人赛上,看看你攻什么:

西	北	东	南
			1◇
不叫	1♡	不叫	2◇
不叫	3♣	不叫	5◇
不叫			

你的牌是：

♠ A Q 9 6 4   ♡ 6 4 2   ◇ 10 4   ♣ J 4 2

对手避开了 3NT 而选择了五阶低花。在这种情况下（尤其是在双人赛里），你几乎一定要首攻未叫过的花色。赛场上有几个西家勇敢地攻出了♠A，并且得到了同伴的欢迎信号，东家用♠K 赢进第二墩，这是这副牌防家让庄家只得到 +600 分的唯一防守路线。

对花色满贯的首攻

几乎所有的教科书都推荐对 6NT 做消极首攻，因为对手联手的牌力可能很高。与此同时，这些教科书都推荐对花色满贯做积极首攻，但是对这种建议的争论要比对 6NT 做消极首攻建议的争论大得多。假设对手叫到了 6♠ 定约（当然，如果有具体的叫牌进程，你可能会更容易选择首攻的花色和牌张，不过我们在这里讨论的是在一般情况下，什么样的首攻才更有可能奏效）。你拿着下面这手牌时首攻什么：

♠ 2   ♡ J 7 5 3   ◇ 10 8 7 2   ♣ K J 9 2

在我掌握计算机模拟这门武器之前的三十年左右的时间里，我拿着这手牌时肯定会愉快地首攻♣2，但这却是四门花色里最差的首攻！无论你是否认为对手可能会有两个草花快速输墩，首攻草花都是最差的选择，在 IMP 制和 MP 制比赛里都是如此。你应该首攻一门红花色，攻方块比红心稍好一些。

当你有两张连张大牌时，做积极首攻的成功率有所提高。假设对手叫到 6♠，你拿下面这手牌首攻；

♠93　♡QJ84　◇Q65　♣K1072

无论是 IMP 制还是 MP 制比赛，最佳首攻都是♡Q(紧随其后的是首攻将牌)。♣2 以巨大劣势排名最后。

几十年来，牌手们一直在不停地争论这个问题："对抗满贯到底应不应该首攻拔 A 呢？"在叫牌粗糙的年代，人们叫满贯的风格都是"撞大运"。一门边花上有两个快速输墩的满贯比比皆是。因此，首攻拔 A 在当时非常流行。到了今天，大部分的严肃牌手在叫满贯前都会采用扣叫来核查每门花色的控制情况。现在，首攻拔 A 正好赶上同伴有 K，而且 K 也能拿墩的情况已经比以前大为减少了。因此，首攻拔 A 也就不那么流行了。

上述说法只在 IMP 制比赛里有效！计算机模拟结果显示，在双人赛里，对于赛场内大多数牌手都会叫到的满贯，首攻边花的 A 往往是很必要的。这类满贯往往攻什么都是铁牌，而首攻不拔 A 的话就很可能让庄家拿到一个超墩。假设在双人赛里对手叫到了 6♡，叫牌进程无关紧要，你要从下面这手牌里做首攻：

♠10843　♡9　◇AQ72　♣10652

在 IMP 制比赛里，首攻◇A 的前景要看叫牌进程是否表明对手已经核实了所有边花的控制。不过，在双人赛里，情况就简单多了，◇A 就是最好的首攻。防家攻出这张牌之后所能拿到的墩数比其他首攻牌张高出 0.3 墩之多！(这里有一个先决条件，那就是你能判断出赛场上很多牌桌都会叫到这个满贯。)

对明显牺牲叫的首攻

假设你是西家，手拿：

♠95　♡Q972　◇AQ2　♣K865

同伴开叫 1♡，南家争叫 1♠，你叫 4♡。根据你们的体系，4♡ 是建设性的。对手牺牲 4♠，你或者同伴加倍。现在你应该首攻什么呢？

有些牌手会说："你俩牌点多,庄家只能靠将吃拿墩,所以你得首攻将牌!"然而,计算机模拟的结果并不支持这种分析。在假设你们的 4♡ 能打成的前提下,你们的防守目标(尤其是在双人赛里)从宕二到宕四不等,这是由不同的局况所决定的。无论目标是什么,你的最佳首攻都是 ♡2,而不是将牌。首攻红心后,你们平均能拿到的防守赢墩是 5.9 墩,而首攻将牌则只能拿到 5.7 墩。也就是说,平均每五副牌你能多拿一墩,而这一墩的价值可能会超过半个顶分。

总结

* 对于花色定约来说,边花的单张是首攻的最佳选择。双张小牌(比如♡85)也是绝佳的首攻——这并不是因为可能会有将吃,而是因为你很有可能攻向了同伴的大牌。

* 从一张大牌或者两张不连续的大牌下首攻,有可能会送给庄家一墩,因此一般情况下是不推荐的。这种首攻在 IMP 制比赛里可能会奏效,因为你的唯一目标就是击败对手的定约,但在双人赛里,这种首攻很有可能会送给庄家额外的一墩牌。记住,大部分成局定约是无论攻什么都防不宕的。

* 大部分人推荐对花色满贯进行积极首攻,这有些言过其实了,尤其是在双人赛里,你从 Q 下首攻要很谨慎,从 K 下首攻更要格外谨慎。

* 当你防守花色满贯定约,而且手中有一个 A 时,你应该考虑首攻这张 A。如果你不拔 A,可能后面就拿不到了,这个概率远比大多数人想象的要高。这个建议主要针对的是双人赛,并且前提是你认为大多数牌桌都会叫到满贯。

小测验

1.

(a)
♠ J 4 2
♡ A 2
◇ K 9
♣ 10 9 8 6 4 2

(b)
♠ A 10
♡ J 8 7 6 4 3
◇ J 10 9 8
♣ A

(c)
♠ 5 4
♡ K J 9 4
◇ K 10 2
♣ J 8 6 4

叫牌过程是 **1♠–3♠–4♠**。你拿着以上各手牌时首攻什么呢？IMP 制和 MP 制比赛有区别吗？

2.

(a)
♠ A 7
♡ Q J 10 9 4
◇ 10 5
♣ 10 9 8 4

(b)
♠ 10 5
♡ 10 9 8 5
◇ Q J
♣ K Q 9 7 5

(c)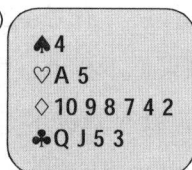
♠ 4
♡ A 5
◇ 10 9 8 7 4 2
♣ Q J 5 3

叫牌过程是 **1♠–4♠**。你拿着以上各手牌时首攻什么呢？IMP 制和 MP 制比赛有区别吗？

3.

(a)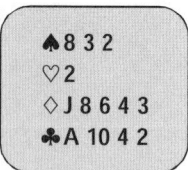
♠ 8 3 2
♡ 2
◇ J 8 6 4 3
♣ A 10 4 2

(b)
♠ 9 7 3
♡ Q
◇ K Q J 10 8 7 6
♣ 8 6 3

(c)
♠ —
♡ 8 5 4
◇ J 9 3 2
♣ A J 10 9 5 3

你的对手是桥牌界公认的高手，他们叫到了 **6♠**，而且叫牌进程表明他们不可能在某一门边花上缺 **AK**。那么你拿着以上各手牌时首攻什么呢？IMP 制和 MP 制比赛有区别吗？

答案

1. 牌 **(a)**，IMP 制和 MP 制的最佳首攻都是♡A。看到明手的牌和同伴的信号后，如果你认为继续出红心没什么意思，那可能就需要换出◇K。首攻♡A击败定约的概率是 **30%**，而◇K 只有 **24%**。很多牌手可能会选择首攻草花，但其击败定约的机会只有 **21%**。不过在双人赛里，草花是仅次于♡A的第二选择。

牌**(b)**，很显然♣A 是最佳首攻，其击败定约的概率是 **58%**（其次是♠A，概率为 **44%**）。在双人赛里，♣A 的得墩数也比其他首攻至少要高出 **0.3** 墩。

牌**(c)**，从 K 下首攻并不是什么好主意。因此最好是首攻将牌或♣4，二者的成功机会差不多。记住，从 J 下首攻相对来说是比较安全的，几乎和从小牌里首攻一样。首攻将牌可能会让庄家免去了将牌 Q 的猜断，但这种情况发生的概率只有 **2%**。

2. 牌**(a)**，红心的结构引人注目，这种花色在无将定约中无疑是首攻的最好选择，但是在花色定约里，由于你的红心有五张，庄家可能在早期就可以将吃这门花色。最好的首攻是从双张里攻◇10（IMP 制和 MP 制都一样）。这类首攻的主要目的是树立起同伴在这门花色上的大牌赢墩。而且，在这副牌里你还有♠A，因此得到方块将吃的机会也就大大提升了。

牌**(b)**，从双张中首攻◇Q 无疑是最好的选择，其次是♣K。

牌**(c)**，由于将牌仅有一张，将吃的可能性大大减少，攻◇Q 是首选，其次才是♡A。

3. 牌**(a)**，对抗花色满贯定约时，如果你有一个 A，就不要去首攻单张了，因为同伴几乎不可能有进手给你将吃！◇4 在 IMP 制比赛里是最佳首攻，但在双人赛里你应该拔♣A。这张牌能让你平均每副牌比首攻方块多拿 0.2 墩。

牌 (b)，首攻单张 ♡Q 击败定约的概率是 26%，而看着很顺眼的 ◇K 只有 8%！一般来说，从六张套里首攻都不会有什么好的效果。庄家或明手很有可能有一个是单张，尤其是在满贯定约里。在双人赛里，♡Q 也是最佳首攻。

牌(c)，首攻 ♣A 能击败定约的概率是 24%，你要寄希望于同伴的草花是单张。消极首攻红心只有 18% 的概率能击败定约。在双人赛里，♣A 也是最佳首攻，优势达到了每副牌 0.35 墩。

23
兑现赢墩

　　防守的时候,你经常发现庄家已经树立好赢墩,准备垫掉输张,这时你必须立即兑现所有可能拿到的赢墩。这在双人赛里尤为重要,如果你防不宕定约,就一定要把能拿的赢墩都拿到手。如果你在某门花色上有机会兑现一墩到两墩大牌,但最后却眼睁睁地看着庄家把输张垫掉了,那这种痛苦的经历肯定会让你刻骨铭心的。

　　下面这副牌你是东家:

南发牌

南北有局

```
                    ♠10 8 6 4
                    ♡9 5 3
                    ◇6 5
                    ♣A Q 10 6
    ♠Q 3                         ♠5
    ♡Q J 10 8          N         ♡6 4 2
    ◇A J 10 7        W   E       ◇K 9 8 3 2
    ♣9 7 5             S         ♣K 8 4 2
                    ♠A K J 9 7 2
                    ♡A K 7
                    ◇Q 7
                    ♣J 3
```

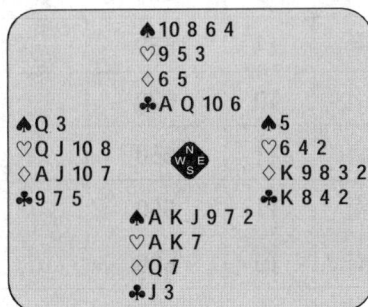

西	北	东	南
			1♠
不叫	2♠	不叫	4♠
全不叫			

西家首攻♡Q,庄家用♡A吃,然后出将牌♠AK。同伴的♠Q在第二轮时掉下。庄家接着起♣J飞过,输给你的♣K。现在你准备如何防守呢?

可以肯定的是,一些水平一般的东家会教条地"继续打同伴的花色",回出一张红心。那庄家就会用♡K吃住,然后用明手的草花赢墩垫掉两个红花色输墩,拿到一个超墩。

你是东家时如何分析出正确的回牌呢?庄家有六个将牌赢墩,同伴首攻的是♡Q,这样庄家还有♡AK,再加上明手的♣AQ10,他已经有11墩牌了。因此,如果你回出红心,他就会拿到11墩牌!所以你必须立即兑现你方所能拿到的所有方块赢墩。

为了让同伴看得更清楚一点,你应该出◇K,然后继续出◇3。这副牌实际上是防不宕的,但你可以阻止庄家拿到超墩。这副牌的记分表最后可能会是这样的:

南北	东西	定约	庄家	结果	南北得分	东西得分	南北 MP	东西 MP
1	5	4♠	南	10	620		2	5
2	4	4♠	南	10	620		2	5
3	7	4♠	南	10	620		2	5
4	1	4♠	南	11	650		6	1
5	6	4♠	南	10	620		2	5
6	3	4♠	南	11	650		6	1
7	8	4♠	南	11	650		6	1
8	2	4♠	南	10	620		2	5

不让庄家拿到超墩,你就能得到5MP,否则就是1MP,可谓天壤之别。

下面这副牌,你还是东家,不过这次的防守局势更加微妙:

南发牌

东西有局

```
                    ♠K 8
                    ♡Q 9 5
                    ◇K Q J 10 6
                    ♣J 6 5
    ♠Q J 10 3                      ♠9 6 5 2
    ♡J 8 4           N             ♡6 3
    ◇7 5 2        W     E          ◇A 9 4
    ♣Q 10 7          S             ♣A 8 4 2
                    ♠A 7 4
                    ♡A K 10 7 2
                    ◇8 3
                    ♣K 9 3
```

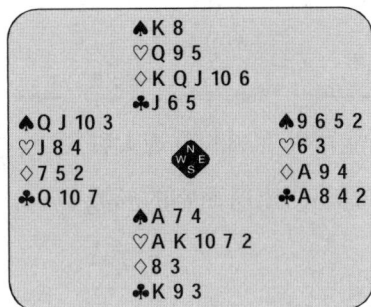

西	北	东	南
			1♡
不叫	2◇	不叫	2NT(12~14)
不叫	4♡	全不叫	

你的同伴首攻♠Q,庄家用♠A吃住,然后调了三轮将牌。庄家接着出了◇3,同伴跟张数信号◇2,表示有三张方块。你准备如何防守呢?

忍让◇A没有什么好处,因为明手还有♠K这个进手。你应该用◇A吃住。庄家有五墩将牌、两墩黑桃,现在又树立好了四墩方块。如果你现在拔♣A再出小的话,庄家可以用♣K吃进,然后进到明手用方块赢墩垫掉手里的最后一张草花。这是你可以预见到的。

所以,你应该打一张小草花,让庄家去猜断。如果他猜你有♣A,就会出♣K,然后把剩下的两张草花都垫掉,打成超二。不过庄家这么打的可能性很小,因为他贸然上♣K的话可能会输掉三墩草花,那定约就会宕一。为了保证打成定约,庄家几乎肯定会从手里出小。如果你有♣Q,庄家这么打就会拿到一个超墩。但这张♣Q现在是在西家手里,这样你们就能拿到两墩草花,使庄家只能得到+420分。在双人赛里,这对东西方而言就是一个极好的分数了。如果同伴有♣K或者

♣KQ，你出小草花和拔♣A都不会有影响。而如果同伴有♣Q，你出小就很有可能让他拿到这一墩。

在高阶定约中兑现赢墩

有一个很管用的方法能帮助你顺利兑现大牌赢墩，这招在 **MP** 制和 **IMP** 比赛里都适用。看看下面这副牌里西家所面临的局势：

南发牌

双方无局

```
                    ♠4 3
                    ♡10 6 2
                    ◇A K Q 10 4
                    ♣Q J 5
        ♠A 5                      ♠2
        ♡A K Q 5         N        ♡J 9 8 4 3
        ◇8 7 6        W   E       ◇J 5 2
        ♣A K 10 7        S        ♣9 8 6 3
                    ♠K Q J 10 9 8 7 6
                    ♡7
                    ◇9 3
                    ♣4 2
```

西	北	东	南
			4♠
加倍	全不叫		

你坐西，首攻红心大牌。明手摊出了可能会垫掉庄家其他花色输墩的方块坚强套。你在红心和草花两门花色上至少要拿到三墩牌，再加上♠A，才能防宕定约。如果你猜错了应该兑现的赢墩，庄家可能就会将吃第二轮红心或草花，然后用明手的方块垫掉其手里的一个输张。

我推荐的方法是，在防守成局以上定约时，如果你希望同伴给张数信号，就从 **AK** 连张中首攻 **K**。在这副牌里，你要首攻♡K，同伴给出张数信号♡3，表示他的红心是奇数张。由于同伴可能是五张红心，你继续出红心大牌就不安全了。因此你换出♣K,再次要求同伴给出张数信号。这次同伴出的是♣9,表示他的草花是偶数张。这样你就知道了♣A是不会被将吃的。于是你拔掉♣A,静等定约宕一。一场可能会发生的灾难就这样被避免了。

攻A是要求同伴给出姿态信号(A要姿态,K要张数)。在防守五阶以上定约时,几乎所有牌手都约定攻A是表示没有K。在这个前提下,同伴有K时会欢迎,而有Q时就会不欢迎。对四阶以下的定约,攻A基本上是可以假定有K的,因此你也要据此来决定是否欢迎。

总结

* 通过计算庄家的赢墩,你经常会发现必须马上兑现防家的所有赢墩,否则,庄家就会用其他花色的赢墩垫掉这些输张。

* 对成局以上的定约,从AK里攻K是要求同伴给出张数信号,攻A是要求同伴给出姿态信号。在防守五阶以上定约时,攻A还表示没有K。

小测验

1.

♠ J 8 5
♡ K 5 2
♢ A Q J 10 6
♣ K 6

♠ A Q 9 7 3
♡ 6 4
♢ K 9
♣ A Q 10 4

西	北	东	南
		1♠	2♡
不叫	4♡	全不叫	

你坐东,同伴首攻♠2。你用♠A吃住,然后回出♠7。庄家用♠K赢进,同伴跟♠6。接着,庄家用将牌A和Q清将,同伴都跟了。庄家再出◇3到◇Q(同伴跟张数信号◇2)。你的防守计划是什么呢?

2.

♠ 7 5
♡ Q 7
♢ K Q J 10 8 6 3
♣ Q 8

♠ 10 6 3
♡ A 10 4 2
♢ 9 4
♣ A 9 7 6

西	北	东	南
	3◇	不叫	3NT
全不叫			

你坐东,同伴首攻♠Q,庄家用A吃,然后出♣3到♣Q(西家跟♣5),你准备如何防守呢?

答案

1.

```
              ♠J 8 5
              ♡K 5 2
              ◇A Q J 10 6
              ♣K 6
♠10 6 2                    ♠A Q 9 7 3
♡8 3            N         ♡6 4
◇7 5 2        W   E       ◇K 9
♣J 9 7 5 2        S       ♣A Q 10 4
              ♠K 4
              ♡A Q J 10 9 7
              ◇8 4 3
              ♣8 3
```

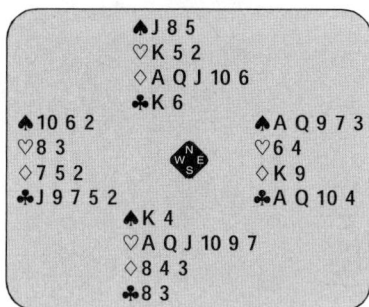

对抗 4♡,同伴首攻♠2 到你的♠A,庄家赢进你回出的♠7,然后用将牌 A 和 Q 清将,再出小方块用◇Q 飞。你用◇K 吃进,然后数了一下庄家的赢墩:他有六墩将牌、一墩黑桃,现在又树立好了四墩方块,这就是 11 墩了。如果你消极回攻♠Q,庄家就会拿够这 11 墩牌。这样不行,你必须立即拔掉♣A! 否则的话,庄家就会打成超一,从而拿到一个很好的比赛分。如果同伴匪夷所思地找到了草花首攻,定约就会宕掉,但这不是你在不同的首攻之后失去注意力而未能拿到最多防守赢墩的理由。

2.

```
              ♠7 5
              ♡Q 7
              ◇K Q J 10 8 6 3
              ♣Q 8
♠Q J 9 8 2                 ♠10 6 3
♡K 8 3          N         ♡A 10 4 2
◇7            W   E       ◇9 4
♣10 5 4 2        S       ♣A 9 7 6
              ♠A K 4
              ♡J 9 6 5
              ◇A 5 2
              ♣K J 3
```

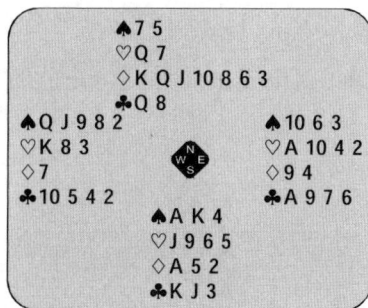

西家首攻♠Q,庄家用♠A 吃住,然后打草花到明手的♣Q 和你的♣A。庄家肯定有◇A。如果你回出黑桃,他就能拿到两墩黑桃、七墩方块和若干墩草花。为了减少他的超墩,你现在就应该拔掉♡A 后再出红心。

24
逼迫庄家猜断

从自己的做庄经验出发,你肯定知道,庄家最喜欢没有压力的环境。这样你就可以很从容地先试探完成定约的一种机会,不行的话再试探另外一种机会。

因此,当你做防守时,你必须要尽你所能给庄家施加压力!你必须想方设法误导他,让他以为某条做庄路线已经奏效,而在他发现上当时已经来不及再去试探其他路线了。

你还必须迫使庄家在其还没有得到足够的信息时就要提早做出决断。比如他原来想看看某门花色是不是 **3-3** 分布的,如果是,他就可以用这门花色垫掉另一门花色的一个输张,从而避免在该门花色上飞 **K**。那你就要想办法在他还没有知道这门花色的实际分布之前,就抢先出向另一门花色的 **AQ**,逼迫他先去做猜断。看看下面这副牌,你坐东:

南发牌

南北有局

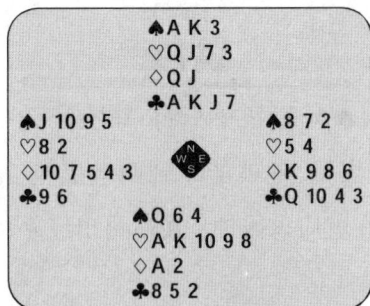

西	北	东	南
			1♡
不叫	2NT	不叫	4♡
不叫	4NT	不叫	5♣
不叫	6♡	全不叫	

北家的 2NT 是杰可贝约定叫,表示对红心有支持的逼叫进局。南家跳叫 4♡ 表示是低限牌,北家 4NT 黑木问关键张,发现同伴有三个关键张之后叫了 6♡。

你的同伴首攻♠J,明手♠K 吃住。庄家调了两轮将牌,然后出草花用♣J 飞。你用♣Q 得后准备回出什么呢?

假设你没有发现什么玄机,机械地回了一张黑桃。庄家赢进后会先试探草花的分布,如果草花是 3-3,他就可以垫掉手里的一张方块。而如果庄家发现草花是 4-2 分布的,就会转而尝试第二个机会——飞方块。这次运气站在了他这一边,因而他打成了满贯。

你除了束手就擒还有什么办法吗? 当你用♣Q 进手后,你应该立即换攻◇9! 这样,庄家就要立即决定是飞方块,还是上◇A,寄希望于草花是 3-3 分布(或者西家同时拿着四张草花和◇K 时,庄家也可通过两门低花的挤牌来完成定约)。你给庄家布下迷魂阵,他很可能就会猜错并打宕。注意,你要打◇9 这张大号码牌,给庄家造成一种你没有◇K 的错觉。

让庄家以为第一计划已经奏效

有些时候,你可以想办法让庄家相信他的第一计划已经成功。

南发牌

东西有局

```
                    ♠K 8 5
                    ♡K Q 5 4
                    ◇K Q 9 2
                    ♣A 3
    ♠9 7 6                          ♠10 3 2
    ♡10 9 8          N             ♡7 3 2
    ◇10 8 6        W   E           ◇A J 5
    ♣9 8 4 2         S             ♣Q 10 7 6
                    ♠A Q J 4
                    ♡A J 6
                    ◇7 4 3
                    ♣K J 5
```

西	北	东	南
			1NT
不叫	**6NT**	全不叫	

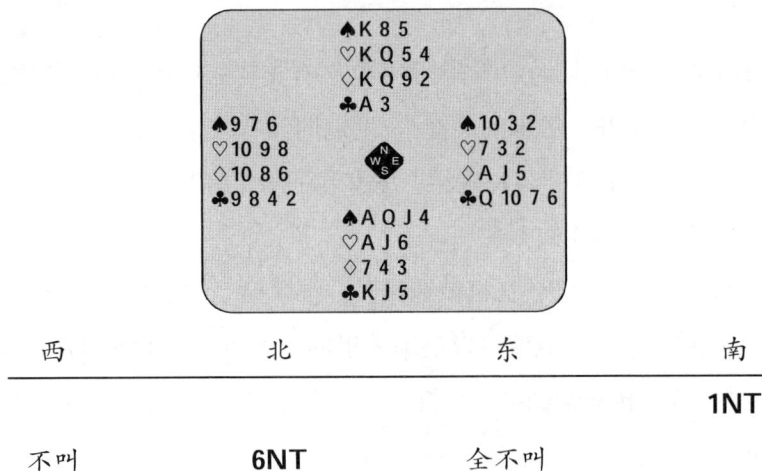

你坐东,同伴对 **6NT** 首攻♡10。庄家有 10 个顶张赢墩,方块铁定还能做出一墩。那么第 12 墩从哪里来呢?

庄家有两个机会。如果西家有◇A,他就可以从手里出两次方块,拿到◇KQ这两墩。另外一个机会就是飞草花。

假设庄家用♡J 赢进首攻,然后出方块给◇K。你坐东家准备怎么防守呢?如果你用◇A 吃住这一墩,然后回出一张高花,庄家就会知道他只能拿到一个方块赢墩。这样,他最后肯定会去飞♣Q,并打成这个满贯。

所以,你在第一墩方块时就上◇A 实际上是帮助了庄家,确实是你把他引向了制胜的路线。更好的打法是你要不动声色地跟张方块小牌,让◇K 赢到这一墩,就好像你根本没有◇A 一样。现在庄家会怎么办呢?他必须要做猜断是继续跳方块,还是去飞♣Q。如果你能在第一墩方块上做到很平静地忍让,那庄家继续跳方块大牌的概率会很高。这样你便可享受到连拿◇AJ时的畅快!

扩展阅读

　　假设这副牌北是庄家,你看不到他的◇KQ,你还是需要在第一墩方块时忍让◇A,这样才有机会防宕定约。因为叫牌和打牌的过程都表明庄家极有可能有这两张大牌。

下一副牌,你可以利用庄家想多超墩的心理来诱导他犯错。拿西家的牌看看:

南发牌

东西有局

```
                    ♠A 5 4
                    ♡9 8 4 2
                    ◇8 5
                    ♣K 7 4 2
    ♠K 10 8 3 2              ♠J 7 6
    ♡Q 6 5        N          ♡K 10 7 3
    ◇K 10 3      W   E       ◇7 2
    ♣9 3          S          ♣Q J 10 5
                    ♠Q 9
                    ♡A J
                    ◇A Q J 9 6 4
                    ♣A 8 6
```

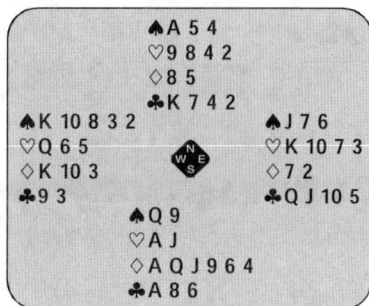

西	北	东	南
			1◇
不叫	1♡	不叫	3NT
全不叫			

　　你首攻♠3,从四明手的角度看这张牌并不理想,但实战就是这样进行的。东家出♠J,逼出了南家的♠Q。庄家用♣K进入明手,出一张小方块,手里放◇Q飞。你怎么办?

　　如果你用◇K吃了,庄家就会拿到十墩牌和430分。叫牌过程表明南家有很强的方块长套,所以你应该很平静地忍让。庄家有七个顶张赢墩,如果方块是 **3-2** 分布,他继续拔◇**A**,再出小方块,就能拿到十墩。不过,既然方块飞中了,为什么不出黑桃到明手的♠**A**,然后再飞一次方块呢?这样庄家就能拿到六墩方块,得到漂亮的 **460** 分。

庄家采取这条路线的可能性会相当大。你用◇**K**吃进第二轮方块,再拿三墩黑桃,使庄家只能得到可怜的 **400** 分。如果你第二墩牌时就立即用◇**K**吃进,庄家就能拿到十墩牌和 **430** 分。

打出已经暴露的牌张

很多牌手打了一辈子牌,始终都没有意识到,自己经常在可以将庄家引入猜断歧途时反而帮了庄家大忙:

南发牌

东西有局

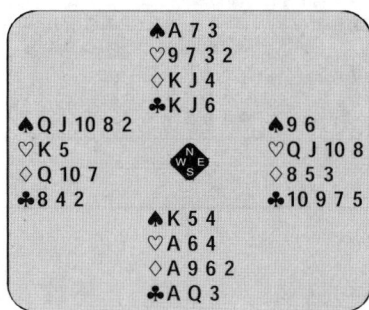

西	北	东	南
			1NT
不叫	**3NT**	全不叫	

北家是 **3-4-3-3** 牌型,而且红心很弱,没叫斯台曼合情合理。你坐西家,首攻♠**Q**。庄家用♠**K**吃住,然后出方块用◇**J**飞,飞中了。庄家现在已经有了九个顶张

赢墩,**3NT** 安全到家,剩下的问题就是能否拿到一个超墩了。

庄家接着出 ◇**K**,现在整副牌的关键时刻来了。假设你不假思索地跟出 ◇**10**,那么庄家在下一轮看到你同伴的 ◇**8** 时,就会上 ◇**A**。这是因为他刚刚飞过方块,知道 ◇**Q** 在你手里!这样,他就能拿到四墩方块和**+430** 分,这在双人赛里就是非常好的分数。

为了给庄家提供一个失败的选择,你应该在庄家出 ◇**K** 时扔掉 ◇**Q**,这就是"打出已经暴露的牌张"。◇**J** 已经出过,◇**Q** 和 ◇**10** 是等值张,因此你没有任何损失。如果庄家认为你是双张 ◇**Q**,他下一轮就会用 ◇**9** 飞,输给你的 ◇**10**。这样庄家只能得到**+400** 分,这对你们而言就是一个好分了。

总结

* 有的时候,你可以逼迫庄家在早期进行猜断,比如向着 **AQ** 结构攻牌,迫使庄家在试探其他花色的机会前就要决定是否飞牌。
* 当庄家向着 **KQ** 连张出牌,而你坐在第四家位置并且有 **A** 时,你很平静地忍让第一墩往往是很有好处的。
* 与上一条类似,当庄家用明手的 **AQJ** 结构飞牌时,你拿着 **K** 忍让一墩也可能会有很好的效果。

小测验

1.

南发牌

东西有局

```
              ♠K J 5 4
              ♡A 6 4
              ◇K Q 10 2
              ♣A 5
                         ♠10 7 6
                         ♡10 8 7
                         ◇A 6 3
                         ♣Q J 8 2
```

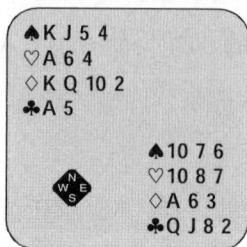

西	北	东	南
			1NT
不叫	6NT	全不叫	

你的同伴首攻♠9。庄家手里♠A吃住,然后打小方块到◇K,你的防守计划是什么呢?

2.

南发牌

双方无局

```
                         ♠7 5 2
                         ♡6 4 3
                         ◇K 7 6 2
                         ♣A 8 3
              ♠9 8 4
              ♡A K J
              ◇Q J 10 8
              ♣7 6 4
```

西	北	东	南
			1♡
不叫	2♡	不叫	4♡
全不叫			

你首攻◇Q,庄家用明手的◇K吃住,同伴跟◇3。庄家从明手出♡3,同伴跟♡7,庄家出♡10。你的防守计划是什么呢?

3.

南发牌

双方有局

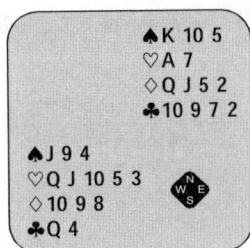

西	北	东	南
			1NT
不叫	3NT	全不叫	

你首攻♡Q。庄家手里♡K吃住,然后打小黑桃到明手的♠10。同伴用♠A赢进,然后出♡8给明手的♡A。你有什么办法能给庄家制造困难吗?

4.

北发牌

东西有局

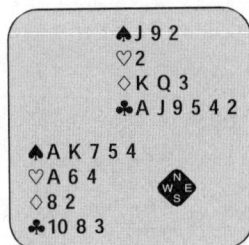

西	北	东	南
	1♣	不叫	1♡
1♠	2♣	2♠	4♡
全不叫			

你上来连打了三轮黑桃,南家第三轮时将吃,然后用◇K进入明手,出将牌。东家跟♡J,庄家出♡K,你的防守计划是什么呢?

答案

1.

```
              ♠K J 5 4
              ♡A 6 4
              ◇K Q 10 2
              ♣A 5
♠9 8 2                      ♠10 7 6
♡9 5 2          N          ♡10 8 7
◇J 9 4        W   E        ◇A 6 3
♣9 7 6 3        S          ♣Q J 8 2
              ♠A Q 3
              ♡K Q J 3
              ◇8 7 5
              ♣K 10 4
```

防守 6NT,同伴首攻♠9。南家用♠A 吃住,然后打方块到◇K。庄家肯定需要做出几墩方块才能打成这个满贯。如果西家有◇J,你们就有机会。第一轮方块,你必须很平静地跟小。这样,庄家再出方块时就必须要进行猜断了。如果他选择出◇Q,你们就能拿到两墩方块,使定约宕一。

2.

```
              ♠7 5 2
              ♡6 4 3
              ◇K 7 6 2
              ♣A 8 3
♠9 8 4                      ♠Q 10 6 3
♡A K J          N          ♡7 2
◇Q J 10 8     W   E        ◇9 4 3
♣7 6 4          S          ♣J 9 5 2
              ♠A K J
              ♡Q 10 9 8 5
              ◇A 5
              ♣K Q 10
```

你首攻◇Q,庄家用明手的◇K 吃住,然后出小红心,手里放♡10。如果你用♡J 吃这一墩然后继续出方块,庄家就知道他要输三墩将牌,因此必须用♣A 进手去飞黑桃。而你知道黑桃是飞中的,所以你要用♡K 来吃住♡10!现在,庄家可能就会用明手的♣A 做进手再去飞一轮将牌了。

3.

```
              ♠ K 10 5
              ♡ A 7
              ♢ Q J 5 2
              ♣ 10 9 7 2
♠ J 9 4                      ♠ A 7 2
♡ Q J 10 5 3      N          ♡ 9 8 6 2
♢ 10 9 8       W     E       ♢ 7 6 3
♣ Q 4            S           ♣ K J 5
              ♠ Q 8 6 3
              ♡ K 4
              ♢ A K 4
              ♣ A 8 6 3
```

你首攻♡Q,庄家用♡K吃住,然后打黑桃到♠10,同伴亮出了♠A。现在庄家已经有了九墩牌。同伴顶开庄家的红心,庄家再打黑桃到♠K。这时如果你跟♠9,他就会知道你留着♠J,于是在第三轮上♠Q,拿到一个超墩。因此,你在第二轮黑桃时要扔掉♠J。庄家这时可能会用♠8飞牌,希望拿到超墩。这样你就可以兑现三个红心赢墩从而防宕定约!

4.

```
              ♠ J 9 2
              ♡ 2
              ♢ K Q 3
              ♣ A J 9 5 4 2
♠ A K 7 5 4                  ♠ Q 10 3
♡ A 6 4          N           ♡ J 10
♢ 8 2          W     E       ♢ 10 9 6 5 4
♣ 10 8 3         S           ♣ K Q 6
              ♠ 8 6
              ♡ K Q 9 8 7 5 3
              ♢ A J 7
              ♣ 7
```

你连打三轮黑桃来对付4♡,庄家在第三轮时将吃,然后用♢K进入明手出红心。同伴跟♡J,庄家出♡K。如果庄家有八张将牌,那他就没什么困难了。你必须假定他只有七张将牌,而且同伴还要有♡Q或♡10。如果同伴有♡Q,那4♡肯定会宕,但如果他有♡10,你就必须平静地忍让第一轮将牌。庄家这时候很有可能会打东家是♡AJ,于是在下一墩出♡9(根据限制性选择原理,这是正确的打法)。这样他就会输掉两墩将牌,定约宕一。

273